AF544010

natürlich oekom
nachhaltig seit 1989

Die Publikation ist entstanden im Rahmen des Forschungsprojekts „Politiken der Nicht-Nachhaltigkeit (PONN): National-autoritärer Populismus und neue soziale Disparitäten als gesellschaftliche Rahmenbedingungen einer sozial-ökologischen Transformation" (Förderkennzeichen 01UV2071 A+B)

GEFÖRDERT VOM

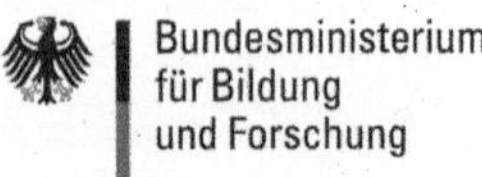

Bibliografische Information der Deutschen Nationalbibliothek:
Die Deutsche Nationalbibliothek verzeichnet diese Publikation in der Deutschen Nationalbibliografie; detaillierte bibliografische Daten sind im Internet über www.dnb.de abrufbar.

oekom – Gesellschaft für ökologische Kommunikation mbH
Waltherstraße 29, 80337 München

Druck: CPI books GmbH

ISBN 978-3-96238-360-2

Bernd Sommer, Miriam Schad,
Philipp Kadelke, Franziska Humpert
und Christian Möstl

Rechtspopulismus vs. Klimaschutz?

Positionen, Einstellungen, Erklärungsansätze

Transformationen Band 9

Vorwort der Herausgeber*innen

Der Stoffwechsel moderner Gesellschaften mit ihrer natürlichen Umwelt ist nicht nachhaltig. Systematisch werden Ökosysteme übernutzt und endliche Ressourcen verbraucht. Die Folgen dieses Raubbaus verändern nicht nur die ökologischen und klimatischen Bedingungen des Erdsystems grundlegend, sondern bedrohen zunehmend die natürlichen Versorgungssysteme menschlicher Gesellschaften. Vor diesem Hintergrund ist in den vergangenen Jahren zuerst in den Umwelt- und Nachhaltigkeitswissenschaften ein neuer Forschungszweig entstanden, der sich mit der Transformation moderner Gesellschaften in Richtung Nachhaltigkeit befasst.

Die vom Norbert Elias Center (NEC) der Europa-Universität Flensburg herausgegebene Reihe „Transformationen" eröffnet dezidiert sozial- und kulturwissenschaftlichen Perspektiven auf sozial-ökologische Transformationsprozesse. Denn die Theorien, Methoden und bestehenden Wissensbestände der Sozial- und Kulturwissenschaften sind in der Forschung zur Transformation im Kontext der Nachhaltigkeit noch immer unterrepräsentiert. Dies drückt sich nicht zuletzt in der unkritischen Übernahme von Konzepten aus den Natur- und Umweltwissenschaften aus, die den gesellschaftlichen Charakter der heutigen Nachhaltigkeitskrise verschleiern. Beispiele hierfür wären das sogenannte „Anthropozän" oder die Rede vom „anthropogenen Klimawandel". Denn es ist nicht „der Anthropos", der Mensch als Gattungswesen, für die strukturelle Übernutzung der außermenschlichen Natur verantwortlich. Vielmehr ist die kontinuierliche Übernutzung ökologischer Systeme das Resultat eines bestimmten Vergesellschaftungs- und Vergemeinschaftungsmodus. Die Charakteristika dieses spezifischen gesellschaftlichen Stoffwechsels mit der Natur – wie die kapitalistische Wachstumswirtschaft, Hyperkonsum, soziale Beschleunigung oder technische Entwicklung – zu identifizieren, zu verstehen und zu erklären ist originäre Aufgabe der Sozial- und Kulturwissenschaften.

Dies ist also das inhaltliche Anliegen der Buchreihe „Transformationen", die ihren Gegenstand im Plural definiert, da wir davon ausgehen, dass es eine einheitliche und synchrone Transformation der gesellschaftlichen Naturverhältnisse nicht gibt bzw. geben kann; zu heterogen sind im internationalen Vergleich, aber auch innergesellschaftlich, die ökonomischen, kulturellen oder auch energetischen Voraussetzungen für Transformationsprozesse. Daher werden in den folgenden Jahren in der Reihe Forschungsarbeiten veröffentlicht, die die gesellschaftlichen Aspekte zeitgenössischer Umweltveränderungen mit einem sozialwissenschaftlichen Instrumentarium (methodisch und theoretisch) ergründen.

Hinzu kommen Untersuchungen, bei denen die systematische Beschäftigung mit historischen Transformationsprozessen im Vordergrund steht. Denn eine Analyse gesellschaftlicher Veränderungsprozesse in der Vergangenheit erlaubt nicht zuletzt auch Rückschlüsse auf die Möglichkeiten und Grenzen der Gestaltung gesellschaftlichen Wandels. Ein solches Wissen ist unabdingbar für Akteurinnen und Akteure des Wandels, aber auch für eine Transformationsforschung, die nicht gesellschaftstheoretisch naiv und historisch blind sein will.

Bisher sind in der Reihe die folgenden Titel publiziert:

Band 1: Bernd Sommer/Harald Welzer: Transformationsdesign. Wege in eine zukunftsfähige Moderne. 2014.

Band 2: Annett Entzian: Denn sie tun nicht, was sie wissen. Eine Studie zu ökologischem Bewusstsein und Handeln. 2015

Band 3: Jorit Neubert: Es war ein naturverbundenes Leben ... Die Wahrnehmung von Natur und Umwelt im Kontext extremen gesellschaftlichen Wandels in der Volksrepublik China. 2015

Band 4: Martin David/Sophia Schönborn: Die Energiewende als Bottom-up-Innovation. Wie Pionierprojekte das Energiesystem verändern. 2016

Band 5: Karin Schürmann: Die Stadt als Community of Practice. Potentiale der nachhaltigkeitsorientierten Transformation von Alltagspraktiken. Das Beispiel Seattle. 2016

Band 6: Miriam Schad: Über Luxus und Verzicht. Umweltaffinität und umweltrelevante Alltagspraxis in prekären Lebenslagen. 2017

Band 7: Maike Boecker: Aus Katastrophen lernen? Wahrnehmungen, Deutungen und Konsequenzen des Oderhochwassers von 1997. 2018

Band 8: Josefa Kny: Too big to do good? Eine empirische Studie der Gemeinwohlorientierung von Großunternehmen am Beispiel der Gemeinwohl-Ökonomie. 2020

Wir danken dem oekom verlag für die Zusammenarbeit bei der Herausgabe der Buchreihe sowie der Europa-Universität Flensburg für die hervorragenden Arbeitsbedingungen, die Publikationsprojekte wie dieses ermöglichen.

Michaela Christ, Bernd Sommer & Harald Welzer

Inhaltsverzeichnis

Abbildungsverzeichnis

Tabellenverzeichnis

1 Einleitung: Rechtspopulismus vs. Umwelt- und Klimaschutz?

Rechtspopulistische Kräfte erhalten weltweit Zulauf. Zeitgleich verschärfen sich ökologische Krisen. Die menschengemachte Klimakrise etwa zeitigt bereits heute in allen Weltregionen messbare Folgen und die CO_2-Emissionen sowie Temperaturen steigen global an (IPCC 2021). Beide Phänomenbereiche sind in der jüngeren Vergangenheit verstärkt Gegenstand der wissenschaftlichen Beobachtung geworden. Für jedes der beiden Themenfelder ist eine derart große Anzahl an Studien erschienen, dass es kaum noch jemandem gelingt, den Überblick zu behalten. Auch in politischen Auseinandersetzungen genießen beide Themen große Aufmerksamkeit. So wird der anthropogene Klimawandel als eine existenzielle Bedrohung der natürlichen Lebensgrundlagen der Menschheit gesehen, während der erstarkende Rechtspopulismus meist als Gefahr für die liberale Demokratie sowie für die ‚offene Gesellschaft' gilt (Decker 2019; Zürn 2018).

Bislang existieren aber nur wenige Studien, die beide Phänomenbereiche zusammen betrachten. Es gibt kaum Untersuchungen, die danach fragen, wie es um das Verhältnis zwischen Umwelt- und Klimaschutz und dem erstarkenden Rechtspopulismus bestellt ist. So fanden bis vor kurzer Zeit in der Forschung zum Rechtspopulismus Themen wie Klimawandel oder Umweltschutz überhaupt keine Beachtung (Malm und Zetkin Collective 2021, S. IX f.). Umgekehrt ist es so, dass Erörterungen zur Bewältigung der bestehenden ökologischen Krisen und deren gesellschaftlichen Voraussetzungen, den erstarkenden Rechtspopulismus bislang weitgehend ausblenden. In diesem Sinne kann von einem „doppelten Desiderat" gesprochen werden (Sommer et al. 2021, S. 62): Der Rechtspopulismus wird in der interdisziplinären Nachhaltigkeits- und Transformationsforschung kaum berücksichtigt und zugleich behandeln Arbeiten zum Thema Rechtspopulismus kaum Klima- und Umweltthemen.

Dabei liegt eine ganze Reihe von theoretischen und empirischen Fragen auf der Hand: Gibt es einen Zusammenhang zwischen den sich verschärfenden ökologischen Krisen wie der Klimakrise sowie den politischen Bestrebungen, diese einzudämmen, und dem Erstarken des Rechtspopulismus? Beispielsweise betrachtet Blühdorn (2018) aus einer zeitdiagnostischen Perspektive moderne Gegenwartsgesellschaften als ein geschlossenes System „nachhaltiger Nicht-Nachhaltigkeit". Kennzeichnend für die als dritte Moderne apostrophierte Gegenwart seien Konsumismus sowie radikale Ansprüche der Selbstverwirklichung. Die zeitgenössischen Demokratien seien unter diesen Bedingungen nicht in der Lage, wirkliche Veränderungen in Richtung Nachhaltigkeit anzustoßen. Es bliebe lediglich „simulative Nachhaltigkeit" oder die offene Ablehnung von Maßnahmen, welche mit den Selbstverwirklichungsansprüchen der Individuen in Konflikt geraten – sei es in Zusammenhang mit den Maßnahmen zur Eindämmung des Coronavirus oder auch der Klimapolitik. Letzteres manifestiere sich u. a. im rezenten Rechtspopulismus (Blühdorn 2020).

Lockwood fragt dagegen, ob es sich beim Klimaskeptizismus und dem Widerstand gegen Klimaschutz um eine Art „Kollateralschaden" (Lockwood 2018, S. 714) der Ablehnung kosmopolitischer Einstellungen und Werte handele, die für den Rechtspopulismus als typisch gelten. Auf empirischer Ebene ist ferner weitgehend unklar, welche Bedeutung den Themen Klimawandel und Klima- und Umweltschutzpolitik sowie insgesamt Fragen der ökologischen Nachhaltigkeit in der Wählerschaft der populistischen Rechten zukommt und, ob die in ihren Parteiprogrammen vielfach zu beobachtende Leugnung des anthropogenen Klimawandels auch von rechtspopulistisch eingestellten Personen geteilt wird.

Bei der vorliegenden Studie handelt es sich im deutschsprachigen Raum um die erste überblicksartige Untersuchung, die Fragen wie diesen systematisch nachgeht. Wir knüpfen dabei an aktuelle Debatten an, wie um einen „fossilen Faschismus"[1] (Malm und

[1] Im Jahr 2021 haben Andreas Malm und Zetkin Collective das Buch *White Skin, Black Fuel. On the Danger of Fossil Fascism* veröffentlicht, das ebenfalls dem Zusammenhang von Klimawandel, Klimaschutz und einer erstarkenden populistischen und extremen Rechten nachspürt. Die Studie legt dabei aber einen anderen

Zetkin Collective 2021), „Environmental Populism“ (Buzogány und Mohamad-Klotzbach 2021, 2022) oder auch an Befunden zu populistischen Positionen im Kontext der deutschen Energiewende (zuletzt: Reusswig et al. 2021; Teune et al. 2021).

Dabei gehen wir im zweiten Kapitel der Arbeit zunächst ausführlich auf den Phänomenbereich des Rechtspopulismus ein. Dies geschieht aus verschiedenen Gründen: Zum einen handelt es sich bereits beim Populismus um ein hoch umstrittenes Konzept, das in der politischen Auseinandersetzung häufig als Kampfbegriff zur Diskreditierung des jeweiligen politischen Gegners verwendet wird (Decker 2019). Zum anderen bedarf es der Abgrenzung des Rechtspopulismus von verwandten gesellschaftlichen Phänomenen, wie dem Rechtsradikalismus oder Rechtsextremismus, um den Gegenstand empirisch gewinnbringend in den Blick nehmen zu können. Weiter soll kursorisch nachgezeichnet werden, wie sich der Rechtspopulismus entwickelt hat. In diesem Kapitel, wie in der gesamten Untersuchung, betrachten wir den Rechtspopulismus als ein Phänomen, das sich auf verschiedenen Ebenen manifestiert. Im Fokus des Buches stehen aufgrund der Studien- und Datenlage vorwiegend einerseits rechtspopulistische Parteien und andererseits Einstellungen auf Bevölkerungsebene. Da sich alle empirischen Beschreibungen und Analysen des Buches auf Deutschland beziehen, geht es vor allem um die Partei Alternative für Deutschland (AfD) und Äußerungen von Politiker*innen der Partei. Andere Manifestationen des Rechtspopulismus – wie Blogs und andere Medien, Kampagnen und Bewegungen – werden hier nur am Rande behandelt. Schließlich wird im zweiten Kapitel versucht, die gängigen Erklärungen zum rezenten Erstarken des Rechtspopulismus herauszuarbeiten, um diese später mit den rechtspopulistischen Positionen zum Klimawandel und zum Umweltschutz in Beziehung setzen zu können.

Im dritten Kapitel der Arbeit werden dann auf Basis der bestehenden Literatur die zentralen Positionen herausgearbeitet, die sich im Rechtspopulismus zu den Themen Klimawandel, Klima-, Um-

Fokus. So werden neben rezenten Entwicklungen sowohl der historische Zusammenhang von Rassismus und dem Entstehen des fossilen Kapitalismus rekonstruiert als auch Szenarien der Entstehung eines „fossilen Faschismus“ erörtert.

welt- und Naturschutz finden lassen. Dabei wird ein besonderes Augenmerk darauf gelegt, wie diese Positionen im Rechtspopulismus begründet werden. Schließlich werden auch die bereits vorliegenden wissenschaftlichen Erklärungsansätze für die spezifische Ausprägung rechtspopulistischer Positionen zum Klimawandel und Umweltschutz rekapituliert.

Im vierten Kapitel erfolgt auf Basis der Auswertung von aktuellen Daten des GESIS Panels eine für die deutsche Bevölkerung repräsentative Beschäftigung mit Einstellungen zum Umwelt- und Klimaschutz sowie Positionen, die sich als rechtspopulistisch beschreiben lassen. Ferner wird hier gefragt, welche Zusammenhänge sich zwischen beiden Einstellungskomplexen finden lassen.

Das fünfte Kapitel fasst zentrale Befunde der Studie noch einmal zusammen. Unter Rückgriff auf bestehende Literatur wird weiter danach gefragt, was die bis dahin präsentierten Befunde für eine sozial-ökologische Transformation unter dem Leitbild der Nachhaltigkeit bedeuten, welche sich viele Staaten, aber auch andere gesellschaftliche Akteur*innen zum Ziel gesetzt haben.

Die vorliegende Monographie ist das zentrale Ergebnis des Forschungsprojektes Politiken der Nicht-Nachhaltigkeit *(PONN)*, das vom Bundesministerium für Bildung und Forschung (BMBF) finanziert wurde und im Zeitraum von Juni 2020 bis Juli 2021 gemeinsam von Mitarbeitenden der Europa-Universität Flensburg (EUF) sowie der Technischen Universität Dortmund durchgeführt worden ist.[2] Das Projekt ging der Frage nach, was ein erstarkender Rechtspopulismus sowie neue soziale Disparitäten für das politische Ziel einer sozial-ökologischen Transformation unter dem Leitbild der Nachhaltigkeit bedeuten. Das Forschungsprojekt gliederte sich in verschiedene Arbeitspakete:

Arbeitspaket 1, das federführend von Franziska Humpert, Christian Möstl und Bernd Sommer an der EUF bearbeitet worden ist, umfasste eine systematische Auswertung der Forschungslitera-

---

[2] Für die Unterstützung während des Forschungsprojektes sowie der Vorbereitung und Erstellung der Monographie und Handreichung danken wir den der wissenschaftlichen Hilfskraft Claudio Möller (TU Dortmund) sowie den studentischen Hilfskräften Kira Buschkämper (TU Dortmund), Lilly Gerlach und Melanie Strzelecki (beide Europa-Universität Flensburg).

tur zum Rechtspopulismus und seinem Verhältnis zu Fragen des Klimawandels und des Umweltschutzes. Die Ergebnisse dieses Arbeitspaketes bilden die Grundlage der Kapitel zwei, drei und fünf in diesem Buch.

Arbeitspaket 2, das von Philipp Kadelke und Miriam Schad von der TU Dortmund bearbeitet worden ist, verfolgte die Zielstellung, auf Basis von Repräsentativdaten, zu untersuchen, ob sich zwischen Klimaschutz- und Umwelteinstellungen auf der einen Seite und rechtspopulistischen Orientierungen auf der anderen Seite Zusammenhangsmuster erkennen lassen. Dafür werden die Sekundärdatensätze *European Social Survey* (ESS), das GESIS Panel sowie das Sozio-oekonomische Panel (SOEP) ausgewertet. Ein Teil der Ergebnisse dieser Sekundärdatenanalyse finden sich in Kapitel vier.[3]

Die Ergebnisse der beiden Arbeitspakete wurden anschließend zusammengeführt und in Arbeitspaket 3 gemeinsam in unterschiedlichen Formaten verschriftlicht. In diesem Rahmen wurde zudem im März 2021 ein Expert*innenworkshop zur inhaltlichen und methodischen Diskussion der Ergebnisse durchgeführt. Wir danken Frank Betker (Deutsche Zentrum für Luft- und Raumfahrts), Dennis Eversberg (Friedrich-Schiller-Universität Jena), Beate Küpper (Hochschule Niederrhein), Christiane Lübke (Universität Duisburg-Essen), Fritz A. Reusswig (Potsdam-Institut für Klimafolgenforschung) und Axel Salheiser (Institut für Demokratie und Zivilgesellschaft, Jena) für die spannende Diskussion und die hilfreichen Kommentare. Für eine breite, nicht ausschließlich akademische Öffentlichkeit wurden zentrale Befunde dieser Studie bereits unter dem Titel *Auf Kosten des Volkes. Rechtspopulistische Positionen zu Klima und Umwelt* in einer kompakten Broschüre veröffentlicht.[4]

---

[3] Weitere Analysen (insbesondere zum ESS 2016) finden sich im Abschlussbericht des Projektes. Die dort präsentierten Befunde zum Rechtspopulismus decken sich größtenteils mit den hier präsentierten Analysen des GESIS Panels.

[4] Die Broschüre kann auf den Homepages der Europa-Universität Flensburg sowie der Technischen Universität Dortmund frei runtergeladen werden. Folgender Link kann hierfür beispielsweise genutzt werden: https://www.uni-flensburg.de/fileadmin/content/zentren/nec/dokumente/projekte/210625-aufkostendesvolkes-komplett ansichtsdatei doppelseiten.pdf.

2 Rechtspopulismus: Gegenstand, Verbreitung und Erklärungen

2.1 Was ist (Rechts-)Populismus?

Populismus ist ein facettenreicher und grundsätzlich umstrittener Begriff, über dessen Definition kein wissenschaftlicher Konsens besteht (Mudde und Rovira Kaltwasser 2019, S. 20; Rovira Kaltwasser et al. 2019, S. 17). Es können in dem Bemühen, das Phänomen des Populismus zu konzeptualisieren, grundlegend drei verschiedene Ansätze identifiziert werden: Ein politisch-strategischer (Weyland 2019), ein sozio-kultureller (Ostiguy 2019) sowie ein ideengeleiteter bzw. ideologischer (Mudde 2019; Mudde und Rovira Kaltwasser 2019) Ansatz:

Wird Populismus als politische Strategie definiert, so stellt er sich als ein Phänomen dar, bei dem Politiker*innen danach streben, durch die direkte Unterstützung der Anhänger*innen Regierungsmacht zu erlangen. Die Unterstützung durch eine wenig organisierte Anhängerschaft erfolgt dabei möglichst direkt, wird nicht durch Institutionen vermittelt und richtet sich an bestimmte Führungspersönlichkeiten (Weyland 2019, S. 49 f.; Mudde und Rovira Kaltwasser 2019, S. 23; Priester 2012, S. 42 ff.).

Ostiguy (2019, S. 73) fasst das Verständnis des Populismus als sozio-kulturelles Phänomen wie folgt zusammen: „We define populism, in very few words, as the ‚flaunting for the ‚low'''. Entsprechend betont dieses Konzept die Relationalität eines gesellschaftlichen ‚oben' und ‚unten', das durch populistische Akteur*innen performativ aufgegriffen und dargestellt wird. Es gehe im Populismus weniger um bestimmte Weltsichten oder Ideologien, sondern vielmehr um Identitäten und deren Konstruktion, die sich stets an einer gesellschaftlichen Achse zwischen ‚oben' und ‚unten' konstruieren (ebd., S. 73 f.). Entgegen der eher kritischen Sichtweise der meisten Wissenschaftler*innen bezüglich der Folgen des Populismus für die Demokratie, geht das Populismusverständnis von Laclau und Mouffe etwa davon aus, dass Populismus die Demokratie stärke, da ihm eine emanzipatorische Kraft innewohne. Durch den Populismus, so ihre These, könnten Konflikte politisiert und ausgeschlossene Gruppen mobilisiert werden. In diesem Verständnis ist der Populismus die radikaldemokratische Antwort auf die Schwächen der repräsentativen Demokratie (Mudde und Rovira Kaltwasser 2019, S. 22). Dabei wird nicht das strategische Handeln der politischen Akteur*innen in den Blick genommen, sondern „Populismus diskursanalytisch als eine ‚Logik des Sozialen'" verstanden und untersucht (Priester 2012, S. 44). Populismus sei demnach nicht Ausdruck einer bestimmten Ideologie, sondern eine politische Praxis, welche das Politische – mit dem Ziel der Erlangung von Hegemonie – restrukturiere. Entsprechend sei Populismus ein diskursiver Modus, durch welchen Forderungen artikuliert, aggregiert und kombiniert würden – zum Zweck der Formierung kollektiver Identitäten (ebd., S. 45).

In der aktuellen Literatur zum Populismus ist augenscheinlich, dass das ideengeleitete/ideologische Konzept derzeit die Populismusforschung dominiert. Im Zentrum dieses Ansatzes stehen die Arbeiten von Cas Mudde, welche auch prominent von Cristóbal Rovira Kaltwasser aufgegriffen werden. Mit ihrer Definition setzen sich nahezu alle Autor*innen, die sich mit dem Phänomen des Populismus beschäftigen, auseinander. Es besteht zwar kein definitorischer Konsens, doch ist damit eine dominante Strömung in der Forschungsgemeinschaft zu erkennen. Gemeinsam schlagen Mudde und Rovira Kaltwasser zur Definition vor:

> *„Wir definieren Populismus konkreter als dünne Ideologie, nach der die Gesellschaft letztlich in zwei homogene, antagonistische Lager gespalten ist ‚das anständige Volk' und ‚die korrupte Elite' und Politik ein Ausdruck der volonté générale (Gemeinwillen) des Volkes sein sollte" (Mudde und Rovira Kaltwasser 2019, S. 25).*

Die vier zentralen Dimensionen dieses Populismus-Verständnisses sollen im Folgenden näher betrachtet werden: a) die dünne Ideologie, b) das ‚anständige Volk' sowie c) die ‚korrupte Elite' und d) der *volonté générále*.

a) Dünne Ideologie

In Anlehnung an Sainsbury kann unter Ideologie „a body of normative and normative-related ideas about the nature of man and society as well as the organization and purposes of society" (1980, S. 8) verstanden werden. In diesem Sinne sortieren Ideologien die soziale und politische Welt (Freeden 2003; Mudde 2019, S. 30). Die Reichweite einer dünnen Ideologie ist begrenzter, da ihr ideologischer Kern nur ein schmales Spektrum politischer Konzepte umfasst (Mudde 2004, S. 544; Mudde und Rovira Kaltwasser 2019, S. 25 f.). Als dünne Ideologie wird demnach eine Ideologie verstanden, die nicht die intellektuelle Unterfütterung und Konsistenz aufweist wie eine ‚starke Ideologie'. Durch die geringe theoretische Unterfütterung und Konsistenz sind dünne Ideologien in hohem Maße anschlussfähig an andere ideologische Konzepte, mit welchen sie verschmelzen können. Dies gilt nach Mudde ebenso für den Populismus: „As a thin-centred ideology, populism can be easily combined with very different (thin and full) other ideologies, including communism, ecologism, nationalism or socialism" (Mudde 2004, S. 544). Populismus ist, in dieser Weise verstanden, breit anschlussfähig und existiert in verschiedenen Spielarten.

b) Das ‚anständige Volk'

Der Begriff Volk stellt im Verständnis des Populismus von Mudde und Rovira Kaltwasser ein flexibles Konstrukt dar, welches von Populist*innen dazu genutzt wird, eine kollektive Identität herzustellen, um sich so eine breite Unterstützung in der Bevölkerung zu sichern (Mudde und Rovira Kaltwasser 2019, S. 30). Dabei wird der Begriff Volk meist in drei Varianten verwendet: (1) das Volk als Souverän, als (2) die einfachen Leute und (3) als Nation. Ersteres Verständnis gründet auf der modernen demokratischen Vorstellung, dass ‚das Volk' nicht nur die ultimative Quelle politischer Gewalt sei, sondern auch die Herrschaft innehaben solle. Ein populistischer Ansatz liegt demnach darin, dem Volk diese Herrschaft (zurück-)zugeben (ebd., S. 31). Wird das ‚anständige Volk' als die

‚einfachen Leute' gefasst, geschieht dies anhand eines sozioökonomischen Status, der mit spezifischen kulturellen Traditionen und volkstümlichen Werten verknüpft wird. Dem inhärent sei zudem eine Kritik an der dominanten Kultur der Elite, während sich Populist*innen oft kulturelle Elemente der ‚einfachen Leute' aneigneten. Unter dem Volk als Nation wird eine nationale Gemeinschaft verstanden, welche sich staatsbürgerlich oder ethnisch definieren kann (ebd., S. 32 f.).[5]

c) Die ‚korrupte Elite'

Die sogenannte Elite werde von Populist*innen als homogene Gruppe gefasst, welche sich insbesondere durch moralische Werte von dem Volk unterscheidet (Mudde und Rovira Kaltwasser 2019, S. 33). Demnach stehe das ‚anständige Volk' einer ‚korrupten Elite' gegenüber, die sich vornehmlich durch ihre (wirtschaftliche) Macht – durch die Bekleidung hoher Positionen in Politik, Wirtschaft, Medien, Wissenschaft und Künsten – auszeichne (ebd., S. 33 f.). Populist*innen würden daher der Elite vorwerfen, dass diese nur ihre eigenen Interessen verfolge und dadurch die Interessen ‚des Volkes' missachte. Die genaue Interpretation und Ausdeutung von Elite und Volk kann jedoch – je nach Interessenslage der Populist*innen – variieren (ebd., S. 36 ff.).

d) *Volonté génerále*

Laut Mudde und Rovira Kaltwasser existiert in der Auffassung von Populist*innen ein Gemeinwille des Volkes, im Sinne von Jean-Jacques Rousseaus *volonté génerále*. Eine populistische Kritik an Politiker*innen bzw. der Eliten sei damit meist, dass diese den

[5] Da das Konzept aus dem Englischen kommt, sei an dieser Stelle auf die unterschiedlichen Konnotationen der Begriffe hingewiesen: Das englische *the people* umfasst eine Semantik, unter welcher eine staatsbürgerliche Definition einer Nationalgemeinschaft gut möglich ist. Der deutsche Begriff Volk ist für ein solches Verständnis jedoch weniger geeignet, da er – auch durch historische Bezüge – ethnisch grundiert ist. Entsprechend lenkt die deutsche Semantik des Begriffs ideologisch nach rechts. Dies ist auch Hintergrund von Hans Haackes berühmten Kunstwerk „Der Bevölkerung", das im Innenhof des Reichstagsgebäudes in Berlin einen Gegenpunkt zur Inschrift „Dem Deutschen Volke" am Hauptportal des Reichstags setzt.

Volkswillen missachten würden. Populist*innen setzen sich daher in der Regel auch für eine Stärkung direktdemokratischer Instrumente (Volksbegehren) ein (Mudde und Rovira Kaltwasser 2019, S. 39 f.).

Zentral ist, dass in der populistischen Erzählung das ‚anständige Volk' und die ‚korrupte Elite' als antagonistische Gruppen verstanden werden. Zudem bildet nicht nur ‚die Elite', sondern auch das Volk in dieser Vorstellung eine homogene Einheit:

> *„Adressat und ideologische Grundlage aller Formen des Populismus ist die romantisierte Vorstellung eines homogenen ‚Volkes' als identitätsstiftendes Ideal. Die Komplexität moderner Gesellschaften, die sich in der Vielfalt von Interessen und Lebensformen widerspiegelt, wird negiert" (Decker und Lewandowsky 2017, o. S.).*

Populist*innen stilisieren sich demnach an diese Vorstellungen anschließend als diejenigen, die den *volonté génerále* des homogenen Volkes identifizieren und kommunizieren: Sie seien die „Sprachrohre des Volkes" (Decker und Lewandowsky 2017, o. S.). Müller (2017) ergänzt an dieser Stelle, dass es nicht ausreiche, für sich zu beanspruchen, mit moralischer Überlegenheit das ‚anständige Volk' zu vertreten, um aus wissenschaftlicher Perspektive als Populist*in identifiziert werden zu können. Hinzu müsse ein Alleinvertretungsanspruch auf diesen *volonté génerále* kommen: „‚Wir – und nur wir – repräsentieren das wahre Volk'" (Müller 2017, S. 26). Der dem Populismus eigene Anti-Pluralismus, welcher sich in der Vorstellung des homogenen Volkes äußert, manifestiere sich in monopolisierten Repräsentationsansprüchen gegenüber dem ‚wahren Volk' (ebd.).

So „en vogue Populismus auch ist" (Wuttke et al. 2020, S. 356), so wird er wie eingangs erwähnt, in der sozialwissenschaftlichen Forschung gleichwohl als „ein schwieriger Begriff" bezeichnet (Feustel und Bescherer 2018, S. 133). Die folgenden drei Kritikpunkte verfangen dabei besonders:

(1) Da sich schon der Demokratiebegriff durch einen geteilten Volkswillen auszeichnet, stellt sich die Frage, inwiefern der (populistische) Rückgriff auf einen gemeinsamen Volkswillen problematisch ist. Die Vorstellung, dass es einen oder keinen verbindenden Volkswillen gibt, ist letztendlich eine empiri-

sche Frage und variiert raum-zeitlich und themenspezifisch. Der Populismus stimuliert „als neue Form des Protests" (Decker 2020) politische Teilhabe. So konnte etwa die AfD zur Bundestagswahl 2017 knapp 1,5 Mio. ehemalige Nichtwählende aktivieren (Holscher und Segger 2017). Darüber hinaus zeigen Umfragen, dass zwei Drittel der Bevölkerung davon ausgehen, dass sich Politiker*innen mehr Rechte herausnehmen als normale Bürger*innen (Zick et al. 2016, S. 117). Eine gewisse Skepsis gegenüber Machtträgern scheint also weit verbreitet zu sein, was Zweifel sät, ob der Populismus eine spezifische politische Logik kennzeichnet oder ob eine gewisse Skepsis gegenüber ‚der Elite' eher ein Allgemeinplatz ist.

(2) Es ist umstritten, was das Populismuskonzept im Vergleich zu verwandten politikwissenschaftlichen Konzepten leisten kann, wie bspw. Politikverdrossenheit, Institutionenmisstrauen oder Political Efficacy. „Hence, if populist attitudes are to be added to the list of valuable public opinion constructs, the concept must bring to the table a theoretical proposition that is distinct and new" (Wuttke et al. 2020, S. 358). Wo verlaufen die Grenzen etwa zwischen einem ausgeprägten Misstrauen gegenüber Politiker*innen oder Parteien und einer populistischen Kritik ‚an denen da oben'?

(3) Weiter habe eine „pauschalisierende Überdehnung" (Marchart 2017, S. 11) und inflationäre Verwendung des Populismusbegriffs zu seiner inhaltlichen Entleerung geführt. Auf diese Schwammigkeit des Konzeptes ist oben auch bereits hingewiesen worden. Feustel und Bescherer (2018, S. 141) bezeichnen den Populismusbegriff gar als „Kampfvokabel eines ‚liberalen Antipopulismus'". Schon Dahrendorf (2003, S. 156) schrieb: „Des einen Populismus ist des anderen Demokratie, und umgekehrt" und weiter: „Der Populismus-Vorwurf kann selbst populistisch sein, ein demagogischer Ersatz für Argumente". Kraemer (2018, S. 281) ist skeptisch, ob der Populismus als sozialwissenschaftliche Kategorie geeignet ist, um „einen nüchternen Blick auf den Wandel der politischen Institutionen" zu werfen.

Trotz dieser Einwände halten wir am Populismuskonzept als analytische Kategorie und spezifisches Einstellungssyndrom fest. Denn der Populismusbegriff ist aufgrund seiner Prominenz über die Wissenschaftscommunity hinaus anschluss- und diskursfähig. Darüber hinaus ist der Populismusbegriff nach Mudde und Rovira Kaltwasser dabei nicht allein auf einen parteiförmigen Populismus begrenzt, sondern kann sich auch in Einstellungen oder in sozialen Bewegungen widerspiegeln. Schließlich kann der Populismus insofern konzeptionelle Alleinstellung beanspruchen, als dass er nicht per se Feind der Demokratie ist, „aber wohl der *liberalen* Demokratie" (Mudde und Rovira Kaltwasser 2019, S. 143, Herv. i. Orig.). Insofern reklamieren Populist*innen, wie hier mit Verweis auf Müller bereits herausgestellt wurde, nicht so sehr den Satz ‚Wir sind das Volk' für sich, ihre Botschaft lautet vielmehr: ‚*Nur wir* vertreten das Volk'. Mit Blick auf die bevorstehenden strukturellen Transformationsprozesse in Richtung Klimaneutralität und Nachhaltigkeit erscheint dieser politische Exklusivitätsanspruch konzeptionell überzeugend und empirisch untersuchungswürdig.

Rechtspopulismus

Wird Populismus als dünne Ideologie verstanden, ist er anschlussfähig an andere ideologische Konzeptionen, die sich in das politische Links-Rechts-Schema einordnen lassen. Im Sinne der Definition von Mudde und Rovira Kaltwasser lässt sich daher ein spezifischer Rechtspopulismus von anderen Populismen abgrenzen. Mudde (2016, S. 2) verwendet in seinen Analysen der Parteienlandschaft den Begriff der populistisch radikal Rechten für jene Parteien, welche im ideologischen Kern (mindestens) Nativismus, Autoritarismus und Populismus miteinander verbinden. Einige (kollektive) Akteur*innen gehen über diesen gemeinsamen Kern hinaus und vertreten zudem antisemitische und wohlfahrtschauvinistische Vorstellungen:

> *„Obviously, different groups express their ideology differently, defining their 'own people' in various ways and targeting different 'enemies' on the basis of a broad variety of motivations and prejudices […]. But all populist radical right actors share at least these three features as (part of) their ideological core" (Mudde 2017, S. 4).*

Nativismus bezeichnet dabei eine völkisch-ideologische Vorstellung, welche nationalistische und xenophobe Elemente verbindet. Staaten sollen demnach die vermeintlich ursprüngliche Bevölkerung privilegieren. Zugewanderte Gruppen werden als Gefahr für den homogenen Nationalstaat gesehen. Autoritarismus bezieht sich bei Mudde auf den Glauben, dass Gesellschaften strikt organisiert sein müssten und das Infragestellen der Autorität streng zu ahnden sei (ebd.).

In der deutschen Parteienlandschaft lassen sich diese Charakteristika des Rechtspopulismus, nach Mudde und Rovira Kaltwasser, vor allem bei der AfD finden,

> *„die sich von einer relativ randständigen kleinbürgerlich-euroskeptischen Neupartei in eine einflussreiche radikal rechte populistische Partei verwandelte und Nativismus, Autoritarismus und Populismus miteinander verband. [...] Zwar ist die AfD noch lange nicht gefestigt, sondern trägt intern noch Kämpfe zwischen radikal rechten und extrem rechten Gruppierungen aus, doch gelang es ihr bereits, die politische Tagesordnung mitzugestalten und den Populismus zum Schlüsselbegriff der politischen Debatte zu machen“ (Mudde und Rovira Kaltwasser 2019, S. 13 f.).*

Zugleich zeigt der rezente Rechtspopulismus aber auch starke antiautoritäre Momente, die bis zum offenen Widerstand gegen staatliche Institutionen oder eine radikale Ablehnung anderer Akteur*innen – wie der Wissenschaft oder der etablierten Medien – führen, wenn diese den vermeintlichen ‚Volkswillen‘ nicht repräsentieren. Dies äußert sich beispielsweise an den Protesten der sogenannten Querdenker gegen die Maßnahmen zur Eindämmung der Corona-Pandemie, die als populistisch und in Teilen auch rechtspopulistisch und gelesen werden können.[6]

---

[6] Denn auch hier dominiert die Erzählung, dass eine Elite aus Politik, Wirtschaft, Wissenschaft und Medien mit der Corona-Politik gegen die eigentlichen Interessen ‚des Volkes‘ agiere und die Maßnahmen nicht dem Infektionsschutz dienten. Die Auflehnung gegen die Autoritäten manifestiert sich in diesem Zusammenhang beispielsweise in der Verweigerung der Maskenpflicht und der Ignorierung von Abstandsgeboten sowie in der Ablehnung von Autoritäten zum Thema, wie der Wissenschaft oder der Berichterstattung in etablierten privaten oder öffentlich-rechtlichen Medien.

Ein auf den ersten Blick verwandter Begriff zum Rechtspopulismus ist der des „autoritären Populismus“, der maßgeblich durch Stuart Hall (2014) geprägt wurde. Er wurde in den 1970er Jahren entwickelt, um die autoritäre Durchsetzung neoliberaler Politik zu beschreiben, welche sich zugleich volksnah gibt (Demirović 2018, S. 29; Lindner 2007, S. 472). Als Beispiel wird klassischerweise der Thatcherismus angeführt, wobei die entsprechende Argumentation beispielhaft auch in der Politik Sarkozys ihre Aktualisierung finden kann (Lindner 2007). Aufgrund des spezifisch-historischen Entstehungskontextes des Begriffs und dem damit verbundenen Populismusverständnis, das sich nur bedingt eignet, um den aktuellen Rechtspopulismus in den Blick zu nehmen, findet dieser Begriff in dieser Untersuchung keine Berücksichtigung.

Differenz und Interaktion: Rechtspopulismus, Rechtsradikalismus und Rechtsextremismus

Für die Forschung existiert das Problem, den Rechtspopulismus trennscharf von „Nachbarideologien“ abzugrenzen. Decker lokalisiert den Rechtspopulismus im politischen Spektrum zwischen den „Christdemokratischen Mitte-Rechts-Parteien und den Vertretern der extremen (faschistischen oder neonationalsozialistischen) Rechten“ (Decker 2015, S. 535–536). Niedermayer und Hofrichter (2016, S. 282) sowie Vehrkamp (2021) zeigen etwa, dass das Elektorat der AfD, die zuletzt noch eher dem rechtspopulistischen Lager zugeordnet wird, deutlich häufiger rechtsextreme Einstellungen artikuliert als die Allgemeinbevölkerung und besonders oft zumindest latent rechtsextreme Einstellungen teilt. Heitmeyer (2018a) entwickelte daher auch in der Auseinandersetzung mit der AfD den Begriff des autoritären Nationalradikalismus. Der Begriff soll vor allem den spezifischen Rechtsradikalismus und Rechtsextremismus der AfD greifbar machen, welcher spätestens seit ihrer Spaltung und Radikalisierung in den Jahren 2015 ff. immer stärker zum Vorschein trete und der durch Rechtspopulismus nur unzureichend beschrieben sei (ebd., S. 233 f.).[7] Im Begriff des autoritären Natio-

[7] Die Intention des Begriffs „autoritärer Nationalradikalismus“ ist auch eine Abgrenzung zu dem im medialen und wissenschaftlichen Diskurs aus seiner Sicht

nalradikalismus seien dagegen das autoritäre Kontrollparadigma der Partei, die nationale Betonung der hervorgehobenen Stellung des deutschen Volkes, die Radikalität, in welcher die offene Gesellschaft bekämpft wird, und das Bestreben, ihre Institutionen der liberalen Demokratie grundlegend zu verändern, besser zum Ausdruck gebracht (ebd., S. 234 f.).

Zusammenfassend lässt sich sagen, dass die Begriffe Rechtspopulismus, Rechtsradikalismus und Rechtsextremismus auf empirisch ähnliche bzw. verwandte Phänomene verweisen und die Übergänge fließend sind. Eine Differenzierung ist gleichwohl von analytischer und praktischer Relevanz. Als Kriterium der Differenzierung werden in der Literatur in der Regel die Haltung gegenüber der freiheitlich-demokratischen Grundordnung (FDGO) sowie die Bereitschaft, politische Ziele auch mit Gewalt zu verfolgen, herangezogen:

> *„Ein heuristisches Unterscheidungsmerkmal auf politischer Ebene ist der Unterschied zwischen einer rechtspopulistischen Anti-Eliten-Haltung und einer rechtsextremen Anti-System-Haltung. Auf der ideologischen Ebene fehlt es dem Populismus als Protesterscheinung an einem eigenen theoretischen Bewusstsein. Der Rechtsextremismus dagegen steht fest in der Tradition faschistischer oder nationalsozialistischer Ideologien, zum Beispiel der ‚Konservativen Revolution'" (Quent 2020, S. 53).*

Die heutige Anhängerschaft der ‚Konservativen Revolution' stellen nach Quent (2020, S. 53 f., 57) die gewaltbereite und systemfeindliche und daher rechtsextremistische Neue Rechte dar. Von diesen unterscheiden sich die Rechtsaußen-Parteien der radikalen und populistischen Rechten, indem sie das demokratische System anerkennen und Gewalt als legitimes Mittel der politischen Auseinandersetzung weitgehend ablehnen.

Der Rechtspopulismus und der Rechtsextremismus interagierten jedoch auch. Ersterer stelle beispielsweise eine Legitimationsbrücke zu den rechtsextremistischen Milieus dar. Er baue Einstellungsmuster gruppenbezogener Menschenfeindlichkeit in der Be-

---

definitorisch zu unbestimmtem und inflationär verwendeten Begriff des Rechtspopulismus (Heitmeyer 2018a, S. 231).

völkerung zu Feindbildern aus, spitze diese zu und liefere die Motive für Gewalt in rechtsextremistischen Milieus (Heitmeyer 2020 et al., S. 66 f.). Auch nach Quent ergänzen sich Rechtspopulismus und Rechtsextremismus und bilden „ein gemeinsames Funktionssystem: Populistischer Stil und populistisches Image ermöglichen dem Rechtsextremismus Zugang zu größeren Teilen der Bevölkerung und schützen ihn zugleich vor Kritik und Isolation“ (Quent 2020, S. 54).[8]

Eine Schwierigkeit, den Rechtspopulismus in der Definition von Mudde und Rovira Kaltwasser vom Rechtsradikalismus abzugrenzen, sieht Minkenberg darin, dass der Anteil an dicker Ideologie des Rechtspopulismus in den gängigen Definitionen des Rechtsradikalismus münde (Minkenberg 2018, S. 346). Als dünne Ideologie kann der Populismus jedoch an verschieden stark ausgeprägte rechte Ideologien andocken. Versteht man den Rechtsradikalismus analog zu den Verfassungsschutzbehörden als rechte Ideologie, welche den Rahmen der FDGO noch nicht verlässt, sich jedoch im fließenden Grenzbereich zum Rechtsextremismus befindet (Stöss 2010, S. 14 f.; zur Kritik der Definition: S. 15 ff.), kann dieser ebenso populistisch aufgeladen werden wie eine rechtsextreme Ideologie. Beide können jedoch auch ohne die populistische dünne Ideologie auskommen. Entsprechend dieser Lesart ordnen Mudde und Rovira Kaltwasser die AfD als eine populistische Partei ein, in welcher interne Widerstreitigkeiten zwischen „radikal rechten und extrem rechten“ (Mudde und Rovira Kaltwasser 2019, S. 13 f.) geführt werden. Diese Unterscheidung ist aber nicht allein

[8] Die bundesdeutschen Verfassungsschutzorgane verfolgen ebenfalls extremistische Tendenzen innerhalb der AfD und ihrer Landesverbände. In Sachsen-Anhalt, Brandenburg, Sachsen und Thüringen wurden die Landesverbände der AfD durch die jeweiligen Landesämter des Verfassungsschutzes als rechtsextreme „Verdachtsfälle“ unter nachrichtendienstliche Beobachtung gestellt. Die AfD wurde als Ganzes im Januar 2019 durch das Bundesamt für Verfassungsschutz als rechtsextremer „Prüffall“ aufgenommen und am 03.03.2021 wurde bekannt, dass sie inzwischen als rechtsextremer „Verdachtsfall“ eingestuft wurde. Siehe z. B.: https://www.deutschlandfunk.de/verfassungsschutz-die-afd-und-der-verdachtsfall.2897.de.html?dram:article_id=491495 und https://www.tagesschau.de/inland/afd-verfassungsschutz-verdachtsfall-103.html (abgerufen 10.12.2021). Eine Pressemitteilung des Verfassungsschutzes wurde hierzu nicht verfasst.

analytisch relevant, sondern hat auch insofern handfeste Konsequenzen, da als extrem bzw. extremistisch geltende Organisationen, Parteien und Bewegungen in Deutschland durch den Verfassungsschutz beobachtet werden und bei hinreichenden Belegen dafür, dass sie aktiv an der Abschaffung der FDGO arbeiten, auch verboten werden können.

Führt man die hier angestellten Überlegungen konsequent zu Ende, kann es Populismus nicht nur links und rechts, sondern auch in der Mitte der Gesellschaft geben. Im Rahmen dieser Untersuchung wird sich jedoch auf Populismus beschränkt, welcher sich mit rechten Ideologien auflädt. Schematisch ist dieses Verständnis des Rechtspopulismus in Abbildung 1 dargestellt. Im Zuge der Operationalisierung von Rechtspopulismus für die empirische Forschung wird das Phänomen in Kapitel 4 noch weiter ausdifferenziert.

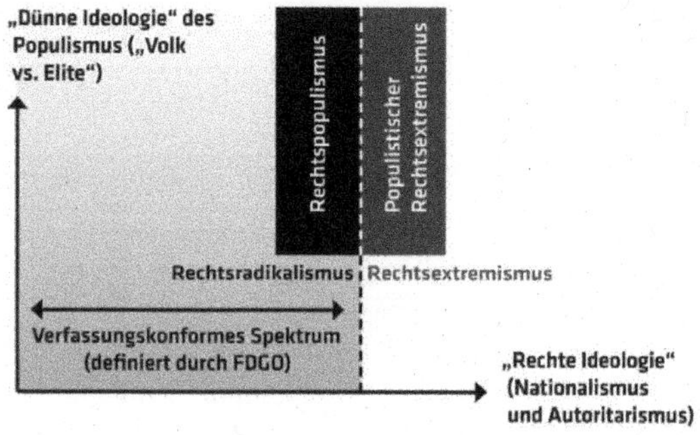

Abbildung 1: Verortung des Rechtspopulismus im rechten politischen Spektrum. Eigene Darstellung.

2.2 Der Aufstieg des Rechtspopulismus

Rechtspopulistische Parteien sind heute in fast allen europäischen Parlamenten vertreten. In einigen Ländern wie Italien, Österreich, Ungarn oder Polen waren bzw. sind Rechtspopulist*innen sogar an der Regierung beteiligt (Humpert et al. 2021, S.11 ff.). Es kann daher beim Rechtspopulismus nicht von einem politischen Randphänomen gesprochen werden. Beim Rechtspopulismus handelt es sich um eine politische Kraft, die sich in Europa und auch in anderen Teilen der Welt etabliert hat.

Historisch reichen die Ursprünge des Rechtspopulismus bis in das 19. Jahrhundert zurück. Erstmals ist eine Bewegung von Kleinbäuer*innen, die in den Vereinigten Staaten von Amerika um 1870 ihren Anfang nahm, als *populist movement* bezeichnet worden: Die sogenannten *Yeoman* setzten sich unter anderem für gestützte Preise für landwirtschaftliche Produkte und die Einführung von Vorwahlen ein. Der wissenschaftliche Begriff ‚Populismus' verdankt seinen Namen der ausgangs des 19. Jahrhunderts in den USA entstandenen *Populist Party* (Decker und Lewandowsky 2017). Dabei ging es vor allem darum, die ‚einfachen Leute' vor den kapitalistischen Eliten und dem freien Markt zu schützen (Jörke und Selk 2020, S. 20 f.). Bis zum Aufstieg der *Tea Party*-Bewegung und der Wahl Donald Trumps zum US-Präsidenten genoss der Populismus in den USA eine positive Reputation; galt er als Ausdruck einer Politikform, die sich in Übereinstimmung mit der demokratischen Tradition der USA radikal an den Interessen des Volkes orientierte.

In Europa können Frankreich in den 1950er Jahren sowie die skandinavischen Länder in den 1970er Jahren als Ausgangspunkte des zeitgenössischen Rechtspopulismus betrachtet werden. In beiden Fällen bildeten sich die populistischen Parteien aus Protest gegen Steuern und Steuererhöhungen. Bereits hier war die charakteristische populistische Erzählung zu beobachten, dass die Interessen des Volkes gegenüber dem Staat bzw. der staatlichen Elite verteidigt werden müssen. Im Laufe der Zeit wurde die dünne Ideologie des Populismus zunehmend um Nationalismus und Fremdenfeindlichkeit ergänzt. Entsprechende rechtspopulistische Parteien entwickelten sich in den 1980er und 1990er Jahren in Belgien (*Vlaams Blok* bzw. heute *Vlaams Belang*), im Norden Italiens (*Lega Nord*, heute *Lega*), in der Schweiz (Schweizer Volkspartei) und in Österreich (Freiheitliche Partei Österreichs).

In Deutschland hat sich mit der AfD im Zusammenhang mit der Eurokrise erst 2013, im europäischen Vergleich also relativ spät, eine rechtspopulistische Partei etabliert. Nach der Aufnahme einer großen Zahl geflüchteter Menschen (insbesondere aus Syrien) in den Jahren 2015 und 2016 sowie infolge breit geführter migrationspolitischer Debatten, die vor allem um die Begrenzung von Zuwanderung kreisten, erhielt die Partei deutlich Zulauf und hat sich mittlerweile in allen bundesdeutschen Parlamenten etabliert. Gleichzeitig radikalisierte sich die AfD in den Folgejahren und vertrat bzw. vertritt in Teilen rechtsextremistische Positionen (siehe oben). Bei den Bundestagswahlen im Jahr 2017 und 2021 konnte die AfD jeweils einen Stimmenanteil von mehr als 10 Prozent auf sich vereinigen. Dabei sind starke regionale Unterschiede zu verzeichnen. So vereint die Partei in einigen Bundesländern wie Sachsen und Thüringen mehr als 20 Prozent der Stimmen auf sich und ist in einigen Wahlkreisen sogar stärkste Kraft.

In Großbritannien gilt die rechtspopulistische *UK Independence Party* als eine der zentralen Kräfte hinter dem erfolgreichen Referendum zum Austritt Großbritanniens aus der EU im Jahr 2016. Besonders viel Zuspruch erhalten rechtspopulistische Parteien insbesondere in Osteuropa. In Polen (die Partei Recht und Gerechtigkeit) und Ungarn (*Fidesz*) sind sie sogar die stärksten Parteien und stellen seit vielen Jahren die Regierung.

Doch nicht allein in Europa ist der Aufstieg rechtspopulistischer politischer Kräfte zu beobachten. Ein besonders prominentes Beispiel ist die bereits oben erwähnte Wahl Donald Trumps zum 45. Präsidenten der Vereinigten Staaten von Amerika. Auch Trump inszenierte sich als Vertreter des Volkes, der ihre Interessen gegenüber den politischen Eliten in Washington verteidige. Zudem waren seine Politik und Rhetorik häufig nationalistisch und fremdenfeindlich konnotiert. Aber auch die Ausrichtung der japanischen *Liberal Democratic Party* unter dem vorherigen Premierminister Shinzo Abe sowie die indische *Bharatiya Janata Party* um einige weitere Beispiele zu nennen gelten als rechtspopulistisch.

2.3 Wie wird das Erstarken des Rechtspopulismus erklärt?

Der akademische Diskurs zu den Ursachen des erstarkenden Rechtspopulismus wird breit geführt, umfasst mittlerweile eine nur schwer zu überblickende Fülle an Publikationen, ist theoretisch ausdifferenziert und teils kontrovers. Im Folgenden wird eine Systematisierung des Diskurses vorgenommen. Ziel ist es, die unterschiedlichen Erklärungsansätze nachzuzeichnen und sie analytisch so gut wie möglich voneinander abzugrenzen. Eine solche Systematisierung kommt ohne Vereinfachungen nicht aus. Nuancen müssen z. T. außer Acht gelassen werden, um die Unterschiede prägnant herausstellen zu können. Um Verknüpfungen und fließende Übergänge einzelner Erklärungsansätze trotzdem aufzugreifen, werden zum Abschluss des Unterkapitels Ansätze vorgestellt, die ausdrücklich um eine Synthese bemüht sind.

Die Strukturierung der unterschiedlichen Erklärungsansätze zum Aufstieg des Rechtspopulismus ist im Hinblick auf die folgenden Analyseschritte der Studie relevant. Denn die rechtspopulistischen Perspektiven auf Fragen des Klima- und Umweltschutzes lassen sich so kontextualisieren (was zum Ende von Kapitel 3 erfolgt) und können als Grundlage für die Erörterung der Frage, welche Handlungsperspektiven gesellschaftlich und politisch bestehen (Gegenstand von Kapitel 5), fruchtbar gemacht werden.

Konkret werden im Folgenden fünf Erklärungsansätze für den Aufstieg des Rechtspopulismus unterschieden und beschrieben:

- Die Ökonomiethese
- Die Kulturthese
- Die Kontinuitätsthese und Einstellungsebene
- Wandel im politischen Feld
- Synthetisierende Ansätze

Die Ökonomiethese

Unter der Ökonomiethese werden im Folgenden Ansätze subsumiert, die den Aufstieg des Rechtspopulismus vor allem ökonomisch begründet sehen, und die sich folgendermaßen grob zusammenfassen lassen: Im Zuge der ökonomischen Globalisierung, einer neoliberalen Umgestaltung von Ökonomie und Gesellschaft sowie der Schwächung der sozialen Sicherungssysteme drohe verschiedenen Gesellschaftsgruppen ökonomische Prekarität und sozialer Abstieg. Tatsächlicher und empfundener Abstieg sowie soziale

Deprivation führten zu einer zunehmenden Verunsicherung, welche u. a. in einem Zulauf rechtspopulistischer Parteien münde (Krause et al. 2015; Lux 2018; Rippl und Seipel 2018; Manow 2018; Kohlrausch 2018; Melcher 2019;).

Eine klassische Figur dieser Erklärung ist dabei die These der ‚Modernisierungsverlierer*innen'. Die ökonomische Modernisierung im Zuge der Globalisierung äußere sich in den früh industrialisierten Ländern vor allem in Prozessen der Deindustrialisierung, des Strukturwandels und des technischen Fortschritts (Manow 2018, S. 14). Dies wirke sich auf unterschiedliche Bevölkerungsgruppen aber nicht gleichermaßen aus, es werden Gewinner*innen und Verlierer*innen der Modernisierung produziert. Es komme zu zunehmender sozialer Ungleichheit und Unsicherheit, welche auch als Prekarisierung beschrieben wird (Vester 2017, S. 4; siehe auch Bieling 2017; Hentges 2018; Dörre 2020). Besondere Schwierigkeiten sich an die rasch verändernden wirtschaftlichen Rahmenbedingungen anzupassen, haben demnach Geringgebildete, Geringverdienende und Teile niedriger beruflicher Statusgruppen, weswegen sie besonders häufig von Arbeitslosigkeit und prekären Beschäftigungsverhältnissen betroffen seien (Melcher 2019, S. 45). Als Folge dessen, dass ihre überwiegend unqualifizierten (Industrie-)Arbeitsplätze abgebaut oder in das Ausland verlagert werden, geraten Modernisierungsverlierer*innen in eine soziale und ökonomische Verunsicherung, es komme zu einer Zunahme an Risiken auf der Mikroebene (Spier 2010, S. 59). Durch die Verschlechterung der sozialen Lage nehme die Wahrscheinlichkeit rechter Einstellungen zu, welche sich auf das Wahlverhalten auswirke (ebd., S. 193).

Neben der allgemeinen Verunsicherung entstünden (Verteilungs-) Konflikte mit Migrant*innen, mit denen die Modernisierungsverlierer*innen um die knappen Ressourcen (wie Arbeit, Wohnung und Sozialleistungen) konkurrieren. Die Abstiegsangst, welche durch Globalisierung und ihr folgender Migration ausgelöst werde, finde ihren Widerhall in der Wahl rechtspopulistischer Parteien (Melcher 2019, S. 46; siehe auch Sablowski und Thien 2018, S. 65), da sich Modernisierungsverlierer*innen von den regierenden Parteien nicht angemessen vertreten sähen (Lengfeld

2017, S. 211). Gestützt wird die These der Modernisierungsverlierer*innen auch dadurch, dass abwertende, autoritäre und demokratiedistante Einstellungen besonders in den unteren sozioökonomischen Schichten und Milieus vorzufinden sind (Krause et al. 2015, S. 50).

Empirisch lässt sich eine Überrepräsentation der Wahl rechtspopulistischer Parteien in unteren sozialen Lagen feststellen. Doch als alleiniger Erklärungsfaktor reicht die These der Modernisierungsverlierer*innen nicht aus, da rechtspopulistische Einstellungen und entsprechende Parteipräferenzen in allen Statuslagen zu finden sind. Insgesamt ist die Datenlage hierzu nicht eindeutig (siehe z. B.: Lengfeld 2017; Manow 2018, S. 72; Eversberg 2018, S. 44; Lux 2018).

Manow erkennt in „Die politische Ökonomie des Populismus" (2018) verschiedene ökonomische Problemkonstellationen als Erklärungsfaktor für die links- oder rechtspopulistische Wendung von Protest. Entscheidend sei der konkrete politökonomische Rahmen, in welchem auf die Globalisierung reagiert werde, und dieser könne sich regional stark voneinander unterschieden. Eine Untersuchung des Populismus müsse entsprechend von *„unterschiedlichen Kapitalismen handeln, um unterschiedliche Populismen zu erklären*" (Manow 2018, S. 23, Herv. i. O.). Die These geht von folgendem Mechanismus aus: Wirkt der freie Güter- und Warenverkehr problematisch auf ein Sozialwesen, so formiere sich der politische Protest eher linkspopulistisch. Stelle dagegen der freie Personenverkehr das Problem dar, manifestiere sich der Protest eher rechtspopulistisch. Hieraus lasse sich die geografische und regionale Varianz des Populismus erklären, welcher sich in Europa, grob skizziert, in ein rechtspopulistisches Nord- und teils Kontinentaleuropa, ein (anders fundiertes) rechtspopulistisches Osteuropa sowie einen linkspopulistischen Süden gliedere (ebd., S. 19 f.). Zugespitzt lässt sich sagen, dass Manow eine gewisse Rationalität der Hinwendung zu populistischem Protest identifiziert: linkspopulistischer Protest bildet sich dort heraus, wo der freie Güter- und Kapitalverkehr für die politökonomische Konstellation problematisch wird; rechtspopulistischer dort, wo die Personenfreizügigkeit für die inklusiven Wohlfahrtsstaaten potentiell zu einer Überforderung führen kann.

Ein weiterer Erklärungsansatz in der Literatur lautet, dass ökonomische Krisen die politische Regression befördern und dadurch dem Rechtspopulismus einen Nährboden bereiten (Decker, O. 2018; Bieling 2017). In Krisenzeiten komme es zu einer raschen Verunsicherung vieler gesellschaftlicher Gruppen, wodurch dann „immer die Gefahr einer psychischen und einer politischen Regression" drohe (Decker, O. 2018, S. 47). Krisen stellen demnach eine Ausnahmesituation dar, in welcher sich das politische Handeln von den sozialen Problemen lösen könne. Verunsicherte soziale Gruppen könnten dann dazu tendieren, entgegen ihrer sozioökonomischen Interessen zu handeln und sich von dem Bedürfnis nach gesellschaftlichem Schutz leiten lassen. Krisen mündeten daher oftmals in der Neigung „sich nationalistischen politischen Programmen und Allianzen anzuschließen, die allerdings die Grundlagen einer inklusiven gesellschaftlichen Solidarität untergraben" (Bieling 2017, S. 559). In diesen Kontexten könnten sich durchaus neue solidarische Strukturen entwickeln – wenngleich als eng gefasste und exklusiv definierte Solidarität, welche sich auf nationalistische und/oder rassistische Weise ideologisch unterfüttere, Überlegenheitskonstrukte einschließe und nach außen aggressiv auftrete (Bieling 2017, S. 559). Giebler et al. (2019, S. 102) kommen sogar zu dem Schluss, dass der Populismus, als politische Strömung, immer das Narrativ der Krise in sich birgt, welches jedoch auch nicht ökonomisch aufgebaut sein kann (siehe auch Müller 2017, S. 69).

Verschiedene Ansätze verlassen die rein ökonomische Argumentation und betonen die soziokulturell vermittelte subjektive Wahrnehmung der wirtschaftlichen Lage. Entscheidend sei nicht (nur) die objektiv messbare ökonomische Lage, sondern vor allem die subjektive Wahrnehmung der sozialen Deprivation und somit auch die Angst vor drohendem Abstieg (Bischoff und Müller 2016; Müller 2017; Vester 2017; Hochschild 2018; Kohlrausch 2018; Krăstev 2018; Hüther und Diermeier 2019; Giebler et al. 2019).

Im Gegensatz zur These der Modernisierungsverlierer*innen vermag dieser Begründungszusammenhang auch Rechtspopulismus in der, aus ökonomischer Sicht, empirisch stabil erscheinenden Mittelschicht zu erklären. Es geht bei der Bewertung der sozialen Lage nicht nur um eine konkrete Erfahrung der sozialen Ausgrenzung, sondern vor allem um relational zu anderen wahrgenommene Verluste: „Dieses eher diffuse Gefühl einer sozialen Verunsicherung macht sich die AfD zu nutze“ (Kohlrausch 2018, S. 5). Es werde dabei vor allem die Zukunft adressiert, welche von Unsicherheit geprägt sei. In Anlehnung an Krăstev (2018) schreibt Manow, dass es nicht um die Verlierer*innen von Heute, sondern die vermeintlichen Verlierer*innen von Morgen gehe um die, die noch etwas zu verlieren haben (Manow 2018, S. 34). Hierbei handele es sich nicht nur um Gefühle, denn laut Bischoff und Müller erodiere die sozioökonomische Basis der Mittelschichten auf breiter Front. Dies habe zur Folge, dass sich „wegen der wachsenden Angst vor Statusverlust ein massives Unbehagen gegenüber der politischen Klasse herausgebildet [hat]“ (Bischoff und Müller 2016, S. 23). Das Elektorat der AfD beispielsweise sei objektiv (noch) gut gestellt, jedoch von Statusängsten geprägt. Der Rechtspopulismus verspreche mit Nationalismus davor zu schützen (ebd., S. 23 ff.). Kaum ein Ansatz kombiniert diese beiden Positionen in dem Sinne, dass subjektive Lageeinschätzungen ausbuchtabiert beschrieben werden, etwa entlang praktischer Kosten zur Erreichung erhöhter Statuslagen (z. B. erhöhte Mobilität, lange Bildungswege, Verschuldung, gesundheitlicher Raubbau usw.). Aus solch einer differenzierten Perspektive ließe sich die vermeintliche Diffusität von Gefühlslagen empirisch abgesicherter einordnen.

Als relativ einheitlicher Befund, hinsichtlich der Wahrnehmung von Unzufriedenheiten und Ängsten, kann festgehalten werden, dass vor allem soziotrope Perspektiven statt egotrope Perspektiven für die Erklärung des aufsteigenden Rechtspopulismus in den Blick genommen werden müssen (Manow 2018, S. 73; Giebler et al. 2019, S. 83). Soziotrope sind überpersönliche und gruppenbezogene Perspektiven, bei denen es „eher um Einschätzungen des Zustandes von gesellschaftlichen Verhältnissen, Institutionen und Akteur*innen oder um Urteile bezüglich des relativen sozialen Status der eigenen sozialen Gruppe geht“ (Giebler et al. 2019,

S. 83). In die vorgestellte Konzeptionierung des Populismus fügt sich dieser Befund gut ein, da sich über eine Wahrnehmung kollektiver Abwertung und Verunsicherung das ‚Wir gegen Die', welche sich in der Vorstellung ‚Volk gegen Elite' verbirgt, adressieren lässt. Eine entsprechende Polarisierung wird, laut Müller, durch Populist*innen permanent diskursiv reproduziert, auch indem die Krise zu einem Dauerzustand hoch stilisiert werde (Müller 2017, S. 69).

Einen hiervon noch einmal zu unterscheidenden Erklärungsansatz vertritt Hochschild (2018), die sich dem Aufstieg des Rechtspopulismus' in den USA durch eine mehrjährige qualitative Untersuchung genähert hat. Sie vollzieht in ihrer Arbeit die emotionale Dimension von Politik nach, wodurch sie ebenfalls die subjektiven Wahrnehmungen in den Blick nimmt. Dies erscheint Hochschild notwendig, um das „große Paradox" (ebd., S. 8) aufzuklären, dass Menschen immer wieder politische Kräfte unterstützen und wählen, die ihren Interessen entgegenwirken. Dabei konzentriert sie sich auf Umweltschutz als Schlüsselloch-Thema (*keyhole issue*) zur Aufklärung dieses Phänomens. Kern von Hochschilds Erklärung ist, dass Menschen eine Tiefengeschichte (*deep story*) konstruieren, welche sich relativ unabhängig von den tatsächlichen Zusammenhängen wahr anfühlt und zur oben beschriebenen paradoxen Wahlentscheidung führt. Dabei beschreibt Hochschild diese Tiefengeschichte wie folgt:

> *„A deep story is a feels-as-if story—it's the story feelings tell, in the language of symbols. It removes judgment. It removes fact. It tells us how things feel" (Hochschild 2018, S. 135).*

In Hochschilds Beispiel ist der amerikanische Traum von Fortschritt und Aufstieg ein zentraler Bestandteil der Tiefengeschichte. Die befragten Personen in ihrer Studie streben nach einem wirtschaftlichen Aufstieg und haben dafür ihr Leben lang hart gearbeitet. Hochschild benutzt hier die Metapher eines Berges, den die Menschen erklimmen wollen, wobei sie in einer Schlange stehen und auf ihre Belohnung warten (*waiting in line*). Ihren Platz in der Warteschlange haben sich die Menschen gefühlt hart erarbeitet, da sie stets Überstunden gemacht und gesundheitliche Probleme als Folge ihres Berufs in Kauf genommen haben. In der Tiefengeschichte der rechten Wähler*innen aus Louisiana kommen jetzt jedoch Menschen, denen gegenüber sie bisher privilegiert waren und welche sich nun in der Warteschlange vordrängeln (*line cutters*). Dies sind beispielsweise Frauen, Migrant*innen und Geflüchtete, welche Jobs und staatliche Unterstützung erhalten ohne vermeintlich dafür hart genug gearbeitet zu haben. Die Befragten fühlen sich daher von der Politik verraten (*betrayal*) und unfair behandelt. Als Konsequenz lehnen sie die regierenden Politiker*innen – wie zum Zeitpunkt der Untersuchung US-Präsident Barack Obama – ab und wenden sich Kräften zu, welche deren Tiefengeschichte durch autoritäre Politik bedienen. Somit kann die Wahl Donald Trumps, nach Hochschild, auch durch ein emotionales anstelle eines wirtschaftlichen Eigeninteresses erklärt werden (ebd., S. 228).

Die Kulturthese

Grosso modo argumentieren Vertreter*innen der Kulturthese, dass der rechtspopulistische Protest sich vor allem gegen die kulturelle Liberalisierung und Modernisierung der Gesellschaft richte. Bevölkerungsgruppen, welche sich vormals mit ihren Normen und Werten in der Mitte der Gesellschaft verortet hätten, würden sich durch die gesellschaftliche Pluralisierung und Anerkennung neuer Lebensmodelle, -verhältnisse und -praktiken (wie die Anerkennung von Homosexualität, zunehmende Multikulturalität und die Veränderung der Geschlechterverhältnisse) in ihrer Position geschwächt sehen. Rechtspopulismus ist aus dieser Perspektive eine regressive Revolte, um die bedrohte kulturelle Hegemonie zu sichern bzw. zurück zu gewinnen; ein Versuch der Restitution einer vergangenen Werteordnung (Merkel 2017; Lengfeld 2017; Inglehart 2018; Rippl und Seipel 2018; Eversberg 2018; Merkel und Zürn 2019; Radtke et al. 2019b).

Der kulturelle Modernisierungsprozess vollziehe sich seit den 70er Jahren, ausgehend vom erstarkenden Neoliberalismus und der beschleunigten Globalisierung. Der kulturelle Wandel, also die zunehmende Verbreitung postmaterieller Werte und vielfältigerer Beziehungsformen, verändere die Gesellschaft stark. Begründet wurde dieser Diskurs vor allem durch Inglehart (2018), der für diese Entwicklung den Begriff *Silent Revolution* geprägt hat.

Allgemein hätten sich in den vergangenen Jahrzehnten die gesellschaftlichen Diskurse und Werte in Bezug auf beispielsweise Multikulturalität und Geschlechterverhältnisse, aber auch den Schutz der natürlichen Umwelt verändert. Nach Renn (2019) entstehe dadurch für große Bevölkerungsgruppen Verunsicherung über die Geltung kollektiv verbindlicher Normen und Werte sowie über Repräsentation der eigenen Interessen und Anliegen in Politik, Wirtschaft und Gesellschaft. Diese Verunsicherung äußere sich in „Misstrauen in die Problemlösungsfähigkeit der Politik, in die Fairness der Wirtschaft und die Unabhängigkeit der Wissenschaft" (ebd., S. 7). Dies führe auch zu einer Unzufriedenheit mit der Demokratie und sei der ‚Nährboden' für den derzeit erstarkenden Populismus (ebd., S. 7 f.). Giebler et al. konnten auch empirisch nachweisen, dass „populistische Einstellungen [...] das AfD-Wahlpotential umso mehr [erhöhen], je stärker eine Person unzufrieden mit der Demokratie ist" (2019, S. 91; siehe auch Jörke und Selk 2020, Kapitel 4.1).

Ausgehend von der Analyse, dass sich zwischen den Kräften der kulturellen Modernisierung und der tradierten Beharrung eine neue gesellschaftliche Spaltungslinie (ein sogenanntes *Cleavage*) etabliert habe, wird beschrieben, wie der Rechtspopulismus in einem Konflikt zwischen Kosmopolitismus und Kommunitarismus zur Geltung kommt (Inglehart und Norris 2016; Merkel 2017; Inglehart 2018; Merkel und Zürn 2019). Auch wenn dieser Wandel durchaus ökonomisch fundiert sei, äußere er sich vor allem in Form kultureller Perspektiven. Im Fokus stehe dabei eine Bedrohung traditioneller Wertebezüge, „die nicht nur in den ökonomisch bedrohten Bevölkerungsschichten eine Gegenreaktion auslöst, die sich in einer Hinwendung zu Nationalismus und einer Betonung traditioneller Werte äußert" (Rippl und Seipel 2018, S. 240). Da nicht die kommunitaristische Einhegung der Märkte primär auf der populistischen Agenda stehe, sondern der Kampf gegen das Fremde oder gar die Fremden, sei der Konflikt in erster Linie kulturell-identitär geprägt (Merkel 2017, S. 55). Dies betont auch Inglehart:

> *„Support for these [xenophobic populist authoritarian] parties is motivated by a backlash against the cultural changes linked with the Postmaterialist and Self-expression values, more than by economic factors. The proximate cause of the populist vote is widespread anxiety that the pervasive cultural changes and an influx of foreigners are eroding the way of life one knew since childhood" (Inglehart 2018, S. 181).*

Diese Gegenreaktion stelle einen *Backlash* dar, den Merkel als „populistische Revolte" (2017, S. 54) und Inglehart als „silent revolution in reverse" (2018, S. 173) bezeichnet.

Da es sich also um einen Konflikt zwischen modernen und traditionellen Werten und Ordnungsvorstellungen handele, könne dieser nicht nur parallel sondern auch quer zu einer sozialstrukturellen Verteilung von oben und unten verlaufen. Dadurch lässt sich der erstarkende Rechtspopulismus auch in mittleren und oberen sozialen Lagen erklären. Nach dieser Lesart können verschiedene sozio-ökonomische Gruppen eine Affinität gegenüber dem Rechtspopulismus entwickeln, sofern sie Geltungsverluste hinnehmen mussten also relative Verluste an kultureller Hegemonie und Deutungshoheit (Rippl und Seipel 2018, S. 240). In diesem Konflikt nähmen die grünen Parteien und Bewegungen auf der einen Seite sowie rechtspopulistische Parteien auf der anderen Seite die politischen Gegenpole ein (Franz et al. 2019; Radtke et al. 2019b, S. 16).

Orientiert am *Cleavage*-Ansatz deutet auch Reckwitz (2018, S. 414, 419 f.) den erstarkenden Rechtspopulismus als Teil eines Konflikts zwischen Kommunitarismus und Kosmopolitismus.[9] Dieser manifestiere sich heute in Gestalt eines Antagonismus zwischen neuer Peripherie und neuem Zentrum. Die neuen peripheren Lagen sind nach Reckwitz Milieus, welche sich aus der alten Mittelklasse und der neuen ‚Unterklasse' speisen. Die neue Mittelklasse zeichne sich als neues Zentrum durch einen Lebensstil aus, welcher durch „das Modell der Kombinierbarkeit und Hybridisier-

[9] In Reckwitz (2018, S. 417) Terminologie: Kulturkommunitarismus und -essentialismus gegen den derzeit dominierenden apertistisch-differentiellen Liberalismus. Kulturkommunitarismus kann dabei auch andere Ausprägungen als Rechtspopulismus haben, wie beispielsweise staatlichen Kulturnationalismus und religiösen Fundamentalismus oder „Communities von Migranten" (ebd., S. 119 f.).

barkeit der Kultur und durch das sich selbst verwirklichende Individuum" geprägt sei (ebd., S. 418). Die alte Mittelklasse stehe dagegen nicht mehr im Zentrum und werde kulturell entwertet (ebd., S. 422 f.). Durch Vorstellungen einer homogenen Gemeinschaft können sich Mitglieder der alten Mittelklassen in Opposition gegen „[d]ie Hyperkultur als Synthese von Selbstverwirklichung und Markt" (ebd., S. 418 f.) begeben. Rechtspopulistische Kräfte opponierten gegen die Trägergruppe der Gesellschaft der Singularitäten, die in ihrer Perspektive die „wahren Gegner des Volkes", ein „parasitäres Außen" darstellen (ebd., S. 416).

Die Kontinuitätsthese und Einstellungsebene

Unter der Kontinuitätsthese fassen wir Ansätze zusammen, die darauf verweisen, dass nationalistische und fremdenfeindliche Einstellungen, welche die Basis rechtspopulistischer Politik darstellen, seit langer Zeit in der Gesellschaft verbreitet sind. Durch den Blick auf die Einstellungen rückt die Persönlichkeits- und Mentalitätsebene hinter dem Phänomen des Rechtspopulismus in den Fokus, und es wird nach den gesellschaftlichen Bedingungen gefragt, in welchen sich entsprechende Subjektkonstitutionen ausbilden können (Decker und Brähler 2018; Heitmeyer 2018a, 2018b).

Entsprechend der Kontinuitätsthese sind menschenfeindliche und rechtsextreme Einstellungen in unserer Gesellschaft kein neues Phänomen, und sie bilden letztendlich auch die Grundlage für die Wahlerfolge der rechtspopulistischen Parteien in der jüngeren Vergangenheit (Heitmeyer 2018b, S. 118). So zeigen Untersuchungen seit vielen Jahren, dass die „bundesdeutsche Gesellschaft [..] von rechtsextremen Einstellungen durchzogen [ist]" (Decker et al. 2018a, S. 113; siehe auch Quent 2019, S. 42).[10] Bezogen auf die Einstellungen existiert demnach bereits seit Jahrzehnten das Potential einer rechtspopulistischen Mobilisierung. Doch das (Wahl-)Verhalten war bis zur Entstehung der AfD kaum diesen Einstellungen angepasst. In diesem Kontext verweist Heitmeyer darauf, dass gesellschaftlich wirkmächtige Gruppen – wie Parteien und (Leit-)Medien nicht angemessen auf die Verbreitung menschen-

---

[10] Nach Oliver Decker ist Rechtsextremismus „ideologischer Kernbestand" des Populismus der AfD (Decker, O. 2018, S. 31).

feindlicher Einstellungen reagiert hätten (Heitmeyer 2018a, S. 24). Unter anderem

> *„wurde[n] die Mentalitätstatbestände und Entwicklungen einer gruppenbezogenen Menschenfeindlichkeit, also der Abwertung und Diskriminierung von schwachen Gruppen durch erhebliche Teile der Bevölkerung, von Angehörigen der politischen und medialen Elite nicht zur Kenntnis genommen oder als ungerechtfertigter Alarmismus zurückgewiesen, der das Ansehen Deutschlands schädigen würde" (Heitmeyer 2018b, S. 119).*

Kurz: Laut Heitmeyer wurden die in der Gesellschaft weit verbreiteten rechten und rechtsextremen Einstellungen nicht ausreichend ernst genommen. Es wäre nur unzureichend anerkannt worden, dass es in dem Kontinuum zwischen demokratischen und extrem rechten Einstellungen ein weites Feld autoritärer und rechter Einstellungen gäbe, die darüber hinaus eine „Legitimationsbrücke" zu rechter Gewalt darstellen könnten (Heitmeyer et al. 2020, S. 64 ff.).

Auf Existenz und Persistenz dieser Einstellungen baut auch die sozialpsychologisch und psychoanalytisch inspirierte Erklärung von Oliver Decker (2018) auf. Für den Erfolg rechter Politik und deren Parteien sei vor allem relevant, ob sie auf Resonanz in der Gesellschaft stoßen:

> *„Die Agitatoren verführen nicht, sondern greifen fast schlafwandlerisch die Bedürfnisse ihrer Zuhörerinnen und Zuhörer auf. Diese fallen nicht auf Populisten herein, sondern erschaffen sich gegenseitig" (Decker, O. 2018, S. 32).*

Eine ausreichende Existenz an autoritären Persönlichkeiten in der Gesellschaft befördere rechte Politik, welche wiederum positiv auf die Verbreitung entsprechender Einstellungen und Dispositionen rückwirke. Autoritäre Persönlichkeiten sind dabei, in Anlehnung an Adorno (2018), nicht als rein individuelles, sondern als gesellschaftliches Phänomen zu verstehen. Im Fokus der Erklärung stehe damit die Gesellschaft, welche durch autoritäre Dynamiken autoritäre Persönlichkeiten hervorbringe (Decker, O. 2018, S. 37, 51).[11]

---

[11] Zentrale Merkmale einer autoritären Persönlichkeit sind unter anderem die starke Orientierung an gesellschaftlichen Konventionen, eine aggressive Ablehnung von

Aus der Perspektive verschiedener Autor*innen kommt wahrgenommenen Kontrollverlusten eine zentrale Rolle bei der Herausbildung rechtspopulistischer und menschenfeindlicher Einstellungen zu (beispielsweise Decker et al. 2018b; Heitmeyer 2018b; Kohlrausch 2018 und Butzlaff 2020). Sowohl Kohlrausch als auch Butzlaff merken hierbei an, dass entsprechende Gefühle des Kontrollverlustes nicht allein in den unteren ökonomischen Statuslagen zu beobachten seien (Butzlaff 2020, S. 285). Gefühle des Kontrollverlustes könnten sich dabei so stark steigern, dass sie Verschwörungserzählungen befördern und eine ‚diffuse Macht' perzipieren, die die Kontrolle übernommen hätte (ebd., S. 284). Kohlrausch erklärt dies durch die Erodierung reeller Sicherheiten als dem Körnchen Wahrheit im Mythos: die Flexibilisierung der Arbeitsmärkte habe Raum für Ängste und ein diffuses Gefühl der sozialen Verunsicherung hervorgerufen, welche sich die AfD zu Nutze mache (Kohlrausch 2018, S. 5). Decker und Kolleg*innen sehen darin den Versuch, sich über eine gedankliche Revolte die Kontrolle zurückzuerobern. Insbesondere das Moment der Personalisierung, das viele Verschwörungstheorien auszeichnet, könne das Bedürfnis stillen, zu wissen, wem man ausgeliefert ist (Decker et al. 2018b, S. 175 f.).

Wandel im politischen Feld

Unter der Überschrift ‚Wandel im politischen Feld' fassen wir Erklärungsansätze zusammen, die davon ausgehen, dass vor allem veränderte gesellschaftliche und politische Rahmenbedingungen dazu beigetragen haben, dass sich der Rechtspopulismus in den vergangenen Jahren etablieren konnte. Für Deutschland kommt in diesem Zusammenhang der Gründung und erfolgreichen Konsolidierung der AfD eine zentrale Bedeutung zu. Gewissermaßen wird hier die ‚Angebotsseite' des Phänomens des erstarkenden Rechtspopulismus in den Blick genommen, während die Kontinui-

Andersdenkenden, Schöngeistigem und Abweichendem, die Unterwerfung unter Autoritäten ebenso wie Aberglaube bzw. Verschwörungsmentalität, ein starkes Strafbedürfnis bei Verstößen gegen die ‚gute Ordnung' und die Fixierung auf sexuelle Normverstöße (Jörke und Selk 2020, S. 121; Decker, O. 2018, S. 54 f.).

tätsthese eher die ‚Nachfrageseite' adressiert. Das Zusammenspiel beider Perspektiven wird im folgenden Zitat von Decker deutlich:

> *„Was der NPD nicht gelungen war, davon profitiert nun die AfD: Jene Bundesdeutschen, die zwar schon lange extrem-rechte Einstellungen teilen, sei es Chauvinismus, Befürwortung einer Diktatur, Antisemitismus oder Ausländerfeindlichkeit, aber bisher ihr Kreuz bei der SPD oder CDU gemacht hatten, handeln jetzt entsprechend ihrer Einstellung. Sie haben in der AfD eine politische Heimat gefunden" (Decker, O. 2018, S. 26).*

Dabei ist aus akteur*innenorientierter Perspektive die neue Einheit der Rechten eine grundlegende Erklärung des derzeitigen Erfolgs, da durch diese ein koordiniertes Agieren des politisch rechten Spektrums der Gesellschaft möglich werde. Unter dem Dach der AfD sei es einem vormals zersplitterten Lager gelungen, sich neu zu formieren und zu modernisieren. Entsprechend band die AfD in ihrer Gründungsphase eine Mischung aus rechtskonservativen, nationalkonservativen und neurechten Gruppen, ebenso wie früheren Aktivist*innen rechtspopulistischer und rechtsextremer Kleinstparteien zusammen (Häusler 2016, S. 43 f.).

‚Angebot' und ‚Nachfrage' stehen entsprechend der meisten Erklärungsansätze in einem dynamischen Zusammenhang. Die eigene ‚Nachfrage' generierten Rechtspopulist*innen unter anderem durch die Schaffung von Krisendiskursen (Giebler et al. 2019, S. 84). Die Krise werde „zum Dauerzustand stilisiert, Politik findet nur noch im Modus des permanenten Belagerungszustandes statt" (Müller 2017, S. 69). Mit daran anschließenden Forderungen, die sich aus einer Verknüpfung von einer aggressiven Zugangsbeschränkung, kultureller Homogenität und traditionellen Werten speisen, konnte die AfD eine Angebotsnische im Parteienwettbewerb besetzen. Als Evidenz für diese These wird angeführt, dass die AfD in überdurchschnittlichem Maße Nichtwähler*innen zur Wahl mobilisiert, also Wähler*innen, welche sich von anderen Politikangeboten bisher nicht zur Wahl haben überzeugen lassen (Lehmann et al. 2019, S. 142 f.).

Hieran schließt das Argument an, dass rechtspopulistische Akteur*innen aktiv auf eine Verschiebung des gesellschaftlichen Diskurses hinwirken. Dabei würden sie versuchen, den Raum des

Sagbaren zu verändern; unter anderem durch die scharfe Kritik ‚politischer Korrektheit', Hassäußerungen gegenüber Minderheiten, kalkulierten Tabuverstößen, geplanten Provokationen und anschließenden Relativierungen. Hierdurch verrücken sich die gesellschaftlichen Wahrnehmungsgewohnheiten, Plausibilitäten und Relevanzkriterien (Demirović 2018, S. 37). Rechtspopulist*innen seien dadurch entgegen ihrer Selbstdarstellung kein passives Medium des *volonté generále*, durch das das Volk sprechen würde. Die populistische Rechte beeinflusst vielmehr, durch ihr Agieren sowie das Investieren von Zeit und Ressourcen, das politisch-gesellschaftliche Klima. Es werde versucht, die öffentliche Meinungsbildung gezielt durch Medien, Werbung und Vorträge zu prägen (ebd., S. 37). Neuen digitalen Kommunikationsformen, welche öffentliche Kommunikation strukturell verändern, komme in diesem Zusammenhang eine besondere Bedeutung zu (dazu unten mehr).

Betrachtet man Rechtspopulismus als soziale Bewegung, schärft sich der Blick für die Dynamik der Mobilisierung, welche eine Erklärung für den in Deutschland raschen Aufstieg des Rechtspopulismus darstellt. In Deutschland bilden bzw. bildeten demnach die ‚Patriotischen Europäer gegen die Islamisierung des Abendlandes' (PEGIDA), die AfD (die in diesem Sinne nicht nur als Partei zu sehen ist), die Identitäre Bewegung und weitere ideologisch verwandte Gruppen die organisatorischen Knotenpunkte der rechtspopulistischen Bewegung (Rucht 2017, S. 39). So entstünden eine Plattform der Vernetzung sowie „neue Ausdrucksformen in der persönlichen Kommunikation, im Internet und auf der Straße" (Häusler und Virchow 2016a, S. 7).

Die Betrachtung des Rechtspopulismus als soziale Bewegung knüpft an die oben vorgestellte These des kulturellen Backlashs an. Vermehrte Migration in den Jahren 2015 ff. sowie die anschließende öffentliche Debatte habe das politische Feld stark verändert (Manow 2018, S. 99). Die sogenannte Flüchtlingskrise habe die öffentliche Diskursagenda entscheidend geprägt und so das Elektorat rechtspopulistischer Parteien vergrößert und Bewegungen mobilisiert (Häusler 2016; Bischoff und Müller 2016; Hentges 2018; Hüther und Diermeier 2019). Dabei werde seitens der Rechtspopulist*innen „die Ideologie verbreitet, dass die von der Fluchtmigration ausgehende Bedrohung umfassend sei" (Hentges 2018, S. 109). Entsprechende Bedrohungsszenarien der inneren Sicherheit werden mit einer zunehmenden Konkurrenz um knapper werdende Ressourcen verknüpft (ebd.). Es soll betont werden, dass Ursache und Wirkung in dieser These nicht verwechselt werden dürfen. Laut Bischoff und Müller (2016, S. 25) sind die rechtspopulistischen Wahlerfolge das Symptom von Unzufriedenheit, bei der das Thema der Fluchtmigration lediglich Katalysator war. Die Schutzsuchenden seien in diesem Kontext Projektionsfläche für Ängste und Ressentiments, die mit tiefer liegenden sozioökonomischen Problemlagen zusammenhingen. Trotzdem lässt sich der Erfolg der AfD nicht ohne die Debatte um Geflüchtete erklären, denn sie „profitiert von dem verbal offerierten Kampf gegen die ‚kulturelle Überfremdung' durch muslimische Zuwanderung" (Pickel und Yendell 2018, S. 238).

Eine weitere These, die im Zusammenhang mit dem Wandel des politischen Feldes diskutiert wird, ist die sogenannte Repräsentationskrise moderner Gesellschaften: Demnach sähen sich weite Teile der Bevölkerung – vor allem durch die sogenannten Volksparteien – nicht mehr angemessen politisch vertreten. Angehörige der Mittelschichten, die in den vergangenen Jahren verstärkt soziale Deprivation erlitten hätten und die sozialen Abstieg fürchteten, machten die regierenden Pateien verantwortlich für diese Entwicklungen, und verarbeiteten ihre sozialen Statusängste vielfach rechtspopulistisch (Häusler 2016; Vester 2017; Bieling 2017; van Dyk und Graefe 2018; Hentges 2018). Neoliberale Deregulierung und undemokratische Entscheidungen hätten Ängste vor sozialem Abstieg und Ablehnung gegenüber hegemonialer europäischer und nationaler Politik verursacht (Häusler 2016, S. 42 f.). In diesem Kontext seien vor allem der Abbau der sozialen Sicherungssysteme und die Liberalisierung der Arbeitsmarktgesetzgebung zu nennen, welche in Europa auch durch sozialdemokratische bzw. sozialistische Parteien umgesetzt worden sind. Vor diesem Hintergrund könnten diese Parteien nicht mehr ihre Rolle als Sprachrohr und identitätsstiftende Kraft gegen soziale Unsicherheit ausfüllen (Bieling 2017, S. 561). Für den deutschen Kontext führt Michael Vester hierzu aus:

> *„Als die SPD dann nach 1998 mit ihrer neoliberalen Wende ihre Rolle als Schutzmacht der sozial Schwachen auch formell und demonstrativ aufgab, stieg zunächst der Anteil der Nichtwähler und später der Wähler der rechtspopulistischen AfD noch einmal erheblich an“ (Vester 2017, S. 18).*

Teils wird dies in einen größeren Kontext gestellt und Rechtspopulismus als Folge einer Krise der Demokratie, wie sie unter anderem durch Crouch (2017) beschrieben wird, gesehen: Wahlen erscheinen ihm zufolge zunehmend als demokratische Hülle, während Entscheidungen mehr und mehr durch demokratisch nicht oder unzureichend legitimierte Eliten aus Wirtschaft, Administration und Wissenschaft getroffen würden. Mit Bezug auf Canovan vertreten Jörke und Selk (2020, S. 96) die These, dass die Demokratie – welche stets eine Balance zwischen den Dimensionen Volkssouveränität und Interessenausgleich finden müsse – in ein Ungleichgewicht zulasten der Volkssouveränität geraten sei. Durch die wachsende Kluft zwischen Demokratieideal und realdemokratischen Verhältnissen nähmen kollektive Enttäuschungserfahrungen zu, an welche Populist*innen anknüpfen könnten (Jörke und Selk 2020, S. 96). Diese Argumentation weist einen engen Zusammenhang zu den bereits vorgestellten Thesen des Systemmisstrauens und des Kontrollverlustes auf. Sie findet zudem auch ihre Entsprechung in empirischen Daten, wonach Unzufriedenheit mit der Demokratie das Wähler*innenpotential der AfD stärken (Giebler et al. 2019, S. 91).

Der Aufstieg des Rechtspopulismus wird auch mit der Digitalisierung der öffentlichen Kommunikation sowie dem Wandel von den klassischen Massenmedien zu Netzwerkmedien in Verbindung gebracht. So komme die Kommunikation über neue Medien populistischen Akteur*innen und Politiker*innen entgegen. Denn sie ermöglichten Populist*innen und rechtsgerichteten Akteuren (zumindest inszeniert) durch eine Kommunikation ohne intermediäre journalistische und redaktionelle Zwischenschritte, sich als Vertreter*innen des homogenen Volkswillen darzustellen (Krämer 2017, S. 1298). Dabei ließe sich professioneller Journalismus, welcher als ‚Lügenpresse‘ (oder im englischsprachigen Raum als *Fake News*) der Elite diffamiert werde, übergehen (Krüger 2018, S. 15). Entsprechend nutzen, laut Krämer (2017), populistische Führungsfiguren die neuen sozialen Medien gezielt. Hierbei geht es nach Krämer (ebd., S. 1305) vor allem um Selbstbestätigung sowie um die Entwicklung von Lebensstilen und Identitäten, welche der eigenen politischen Perspektive entsprechen. Schroeder et al. (2017) sehen hierin auch für die AfD ein zentrales Potential zur Mobilisierung. Die Selbstinszenierung als die „einzigen Anwälte des Volkes, die vorgeben, unermüdlich darum zu kämpfen, dass sich die etablierten Mächte nicht weiter an den Interessen des Volkes vergehen“ (ebd., S. 44) gelinge in den sozialen Medien wirksamer als im Parlament. Verglichen mit anderen Parteien könne sich die AfD, vor allem auf Facebook, auf eine besonders große Reichweite stützen. Zudem würde es den rechtspopulistischen Akteur*innen zugutekommen, dass Netzwerke von AfD-Anhänger*innen, im Vergleich zu denen anderer Parteien, besonders selbstreferentiell seien und so kaum Gegenreden vorkommen (ebd., S. 44 f.). Butterwegge et al. (2018, S. 205 f.) argumentieren in diesem Kontext, dass sowohl auf Facebook als auch bei Twitter die Sympathisant*innen-Netzwerke der AfD sogenannte Echokammern bilden. Die Empirie hierzu ist jedoch noch nicht konsolidiert. So kommen beispielsweise Boulianne et al. (2020) zu dem Ergebnis, dass die Echokammern der neuen Medien nicht zur Unterstützung rechtspopulistischer Parteien und Kandidat*innen beitragen würden (Boulianne et al. 2020, S. 695).

Synthetisierende Ansätze

Die bisher genannten Erklärungen zum Aufstieg des Rechtspopulismus wurden analytisch voneinander getrennt, um den Kern der jeweiligen Argumentationsstränge zu konturieren. Oftmals sind die Stränge jedoch miteinander verwoben und in den seltensten Fällen wird mit nur einem der Erklärungsansätze argumentiert. Dies lässt sich beispielsweise an Manow (2018) veranschaulichen, welcher Stichwortgeber in mehreren der hier skizzierten Erklärungsansätze war. So zeigt Manow, wie kulturelle Lagerbildungen ökonomisch grundiert sind. Denn auch kulturelle Konflikte erlangen ihre Kraft erst im Kontext ökonomischer Verwerfungen. Mit anderen Worten, populistische Bewegungen kapitalisieren Gefühle der ökonomischen und kulturellen Zurücksetzung. Nach Mau (2019), der sich in seiner Argumentation auf Manow bezieht, versprächen Rechtspopulist*innen neben materieller Kompensation auch „Respekt, symbolischen Status und Selbstwertgefühl" (ebd., S. 235). Pointiert bringt auch Biskamp (2019) im Titel seines Aufsatzes zur Erklärung des Rechtspopulismus die Verknüpfung beider Sphären auf den Punkt: „Ökonomie ist kulturell und Kultur ist ökonomisch".

Bieling (2017) greift in seiner Erklärung zum Aufstieg des Rechtspopulismus auf Polanyis Figur der „Doppelbewegung" zurück, worunter der Widerstreit zwischen der liberalen Marktentfaltung sowie dem Schutz der Gesellschaft und ihrer natürlichen Reproduktivkräfte verstanden wird. Entsprechend argumentiert Bieling (ebd., S. 559), dass als Gegenbewegung zur (neo-)liberalen Vermarktlichung der Gesellschaft ethnonationalistische Identitäten konstruiert würden, welche die Imagination einer nationalstaatlichen Handlungsfähigkeit und Souveränität umfassten. Diese äußere sich diskursiv und programmatisch in Ethnopluralismus bzw. kulturellem Rassismus, EU-Skeptizismus, Kritik am Migrationsregime, Anti-Islam und Anti-Feminismus sowie homophoben Komponenten (ebd., S. 563).

Nach Eversberg (2018) erkläre sich der Erfolg der AfD durch eine klassenübergreifende Allianz zur Verteidigung der imperialen Produktions- und Lebensweise.[12] Die Konfliktlinie sieht Eversberg dabei zwischen den aktuell vorherrschenden Kräften des progressiven Neoliberalismus (im Sinne Frasers 2017), die Nachhaltigkeit, Geschlechtergerechtigkeit und kulturelle Vielfalt wertschätzen, und einer regressiven Allianz, die sich im Rechtspopulismus manifestiere:

> *„Diese kapitalistischen Modernisierungsprozesse haben die soziale Mitte verschoben: Sie wurde zugleich ökonomisiert und ist kulturell vielfältiger geworden. Dies läuft Teilen derer zuwider, die sich an den Versprechungen der früheren Ordnung orientiert und sich selbst als Teil der ‚Mitte' wahrgenommen hatten. Denjenigen unter diesen*

[12] Das Konzept der imperialen Produktions- und Lebensweise geht auf Brand und Wissen (2017) zurück und beinhaltet im Kern die These, dass der Wohlstand in den kapitalistischen Zentren im Globalen Norden maßgeblich auf der Ausbeutung von Natur und Menschen andernorts (i. d. R. im Globalen Süden) basiert.

‚neuen Minderheiten‘ [Kahrs 2017], die das nicht konstruktiv und demokratisch verarbeiten können, sondern sich auf Rassismus, Ressentiments und die eigene Selbststilisierung zum Opfer zurückziehen, machte die AfD mit dem Versprechen, das Rad der Zeit zurückzudrehen, ein attraktives Angebot“ (Eversberg 2018, S. 51).

Das Kernversprechen der AfD sei, dass sich nichts ändere – weder bei den Geschlechterverhältnissen, noch beim auf Externalisierung beruhenden gesellschaftlichen Naturverhältnis (ebd., S. 46). Diese Forderung werde explizit nicht nur von unteren sozioökonomischen Milieus getragen, sondern eben von einer klassenübergreifenden Allianz (ebd., S. 46 f.). In seinen neueren Forschungen identifiziert Eversberg (2020) in Bezug auf ihre Umwelteinstellungen verschiedene Milieus und analysiert im Zuge einer Clusteranalyse deren Mentalitäten. Hierbei wird ersichtlich, dass sich auf der habituellen Ebene keine scharfe Grenze zwischen regressiv-autoritären gesellschaftlichen Gruppen und liberal-steigerungsorientierten Gruppen abzeichnet (ebd., S. 37). Auf Grundlage der alltagsweltlichen Nähe und geteilten Vorstellungen einer exklusiven Solidarität lasse sich beobachten, dass zumindest punktuell eine Nähe zwischen defensiv-liberalen und nationalistisch-autoritären Kräften vorliege (ebd., S. 73).

Mau (2019) erklärt in seiner Analyse der besonderen Situation Ostdeutschlands den dort besonders starken Rechtspopulismus ebenfalls als eine Verschränkung kultureller und ökonomischer Ansätze. Neben ökonomischen und kulturellen Entwertungsprozessen, die von Rechtspopulist*innen in Ostdeutschland kapitalisiert werden, sind hier vor allem die „Provinzialisierung der DDR“ (ebd., S. 98), die vergleichsweise geringe Verankerung demokratischer und zivilgesellschaftlicher Strukturen sowie eine „Überschichtung“ mit westdeutschen Eliten zu nennen (ebd., S. 166). Dies vollziehe sich, so Mau, vor dem Hintergrund des historischen Erbes eines „DDR-Nationalismus, der sich in schroffer Selbstbehauptung, sozialer Abschließung und einem hohen Grad an innerer Homogenität ausdrücke“ (ebd., S. 95).

Haas (2020) setzt den Fokus geografisch noch geschärfter, indem er eine regionalspezifische Perspektive auf die Lausitz einnimmt. Auch Haas geht davon aus, dass zum Erstarken eines sich radikalisierenden Rechtspopulismus „ökonomische, politische *und* kulturelle Faktoren“ beigetragen hätten (ebd., S. 167, Herv. i. O.). Dabei lässt sich bei Haas nachvollziehen, wie die von Mau beschriebene Überschichtung in der Sphäre der Ökonomie stattfand und der neoliberale Umbau der Wirtschaft als alternativlos begründet wurde. Dadurch habe sich „nur bedingt eine politische Debattenkultur sowie eine damit korrespondierende Zivilgesellschaft herausgebildet“ (ebd., S. 157 f.). In Anlehnung an Negt (2011) stellt er fest, dass sich eine „Demokratie als Lebensform“ kaum ausgebildet habe (Haas 2020, S. 158). Kulturell sei weiter relevant, dass die (vor allem für Männer) identitätsstiftende großindustrielle Kohleförderung sich in einem Auflösungsprozess befinde (ebd.). Insgesamt fügt Haas verschiedene, für die Region relevante, ökonomische, kulturelle und politische Puzzleteile zusammen, die zu dem Schluss führen, dass „die Lausitz eine verunsicherte, sozial und räumlich periphere Region [ist], in der der Rechtspopulismus auf einen relativ fruchtbaren Boden fällt“ (ebd., S. 167).

Soweit die Darstellung der in der Literatur diskutierten Erklärungsansätze zum Erstarken des Rechtspopulismus. Im Anschluss werden die Positionen rechtspopulistischer Akteur*innen – also Personen, Parteien und Medien – zu den Themen des Klimaschutzes und der Umwelt aufgearbeitet. In Zusammenhang mit der Erörterung der Frage, *wieso* diese spezifischen Positionen im Rechtspopulismus vorherrschend sind, wird in der zusammenfassenden Betrachtung in Kapitel 3.3 noch einmal auf die hier zusammengefassten Erklärungsansätze eingegangen.

3 Rechtspopulistische Positionen zu Klima und Umwelt

Für rechte Parteien in Europa wird in der Literatur allgemein ein *anti-environmentalism* diagnostiziert (Gemenis et al. 2012, S. 18). Dabei ist zu beobachten, dass wenig differenziert wird, welchen Charakter die rechten Parteien haben und die Bezeichnung vielmehr als Sammelkategorie für konservative, rechtspopulistische, rechtsradikale und rechtsextreme Parteien fungiert. Dies hat zur Folge, dass empirische Studien zur Einstellung von explizit rechtspopulistischen Parteien gegenüber Klima- und Umweltfragen bisher die Ausnahme darstellen (Forchtner und Kølvraa 2015; Schaller und Carius 2019). Diese Forschungslücke identifiziert auch Lockwood indem er konstatiert:

> *„Most existing research on politics and climate scepticism is of limited value for the specific study of RWP[Right-wing populism] because it ignores RWP parties and supporters, and relies on conventional left–right ideological position rather than measures identifying a populist world view" (Lockwood 2018, S. 725).*

Das nachfolgende Kapitel fasst auf Basis vorhandener Studien zusammen, welche Positionen sich bei rechtspopulistischen Akteur*innen (Parteien, Wähler*innen und Medien) zum Thema des anthropogenen Klimawandels, des Klima- und Umweltschutzes sowie der ökologischen Nachhaltigkeit identifizieren lassen. Auch den Fragen, wie rechtspopulistische Akteur*innen ihre Positionen begründen, d. h., welche Argumente sie anführen und welche wissenschaftlichen Erklärungsansätze für die Positionen existieren, wird nachgegangen. Der Fokus der Analyse liegt dabei aufgrund der aktuellen Studienlage auf Parteien als institutitonaliserte Akteur*innen des Rechtspopulismus und nur am Rande auf anderen rechtspopulistischen Akteur*innen oder Zusammenschlüssen wie bspw. Bewegungen oder Netzwerken. Neben der Zusammenfassung der bestehenden Literatur zu diesen Fragen wird zur Veranschaulichung überwiegend auf Aussagen der Wahlprogramme der AfD für die Bundestagswahlen 2017 und 2021, die Europawahl 2019 sowie vereinzelt auf Wahlwerbung zurückgegriffen.

3.1 Zentrale Positionen und Begründungsmuster

Beginnen möchten wir mit der Darstellung der zentralen Positionen rechtspopulistischer Akteur*innen zu den Themen Klimawandel und Umweltschutz sowie ihren Begründungsmustern, bevor wir daran anknüpfend wissenschaftliche Erklärungsansätze zu diesen Postionen zusammentragen und systematisiert präsentieren. Die Positionen rechtspopulistischer Parteien werden i. d. R. über ihre Parteiprogramme (Gemenis et al. 2012; Hess und Renner 2019; Schaller und Carius 2019) untersucht. Grundsätzlich ist festzuhalten, dass die Positionen nicht immer einheitlich sind und sich mitunter sogar widersprechen. Bei der Alternativen für Deutschland (AfD) zeigt sich beispielsweise eine Diskrepanz zwischen Haltungen von AfD-Mitgliedern auf Landesebene und den Positionen zu Themenkomplexen im Bereich Klima- und Umweltschutz auf Bundesebene (Götze und Kirchner 2016, S. 20). Im Folgenden konzentrieren wir uns auf die Darstellung zentraler Positionen, die in der Literatur genannt werden.

In diesem Unterkapitel soll auch näher auf Argumente und Begründungsmuster eingegangen werden, die von Rechtspopulist*innen zur Ablehnung von Klima- und Umweltschutz(politiken) angebracht werden. Diese Trennung zwischen Positionen und Begründungsmustern ist bis zu einem gewissen Grad artifiziell, da sie empirisch häufig miteinander verknüpft sind. Analytisch ist dieses Vorgehen aber sinnvoll, da so am Ende dieses Unterkapitels gezeigt werden kann, welche der Argumente eher in der dünnen Ideologie des Populismus (‚anständiges Volk‘ vs. ‚korrupter Elite‘) verankert sind und welche Begründungsmuster stärker in der rechten Ideologie des Rechtspopulismus, sprich, im Nationalismus und Autoritarismus wurzeln.

Infragestellung des wissenschaftlichen Konsens' zum Klimawandel

Bei vielen rechtspopulistischen Parteien und Bewegungen in Europa und auch in den USA ist ein Wissenschaftsskeptizismus auffällig. Bezogen auf das Themenfeld Klima- und Umweltschutz manifestiert sich dies insbesondere in der Infragestellung des wissenschaftlichen Konsens' zum Klimawandel (Forchtner und Kølvraa 2015; Forchtner 2019; Hess und Renner 2019; Lockwood 2018; Radtke und Schreurs 2019; Schaller und Carius 2019). Radtke und Schreurs (2019, S. 149) sehen in der Negierung des anthropogenen Einflusses auf den Klimawandel sogar eine Art Grundkonsens rechtspopulistischer Akteur*innen. Diese Grundannahme muss für jede rechtspopulistische Partei einzeln geprüft werden, da auch hier Unterschiede zu beobachten sind (Lockwood 2018; Schaller und Carius 2019). Für die AfD zeigt sich die Infragestellung des wissenschaftlichen Konsens' zum Klimawandel insbesondere in Passagen ihrer Wahlprogramme (AfD 2017, 2019, 2021), in Äußerungen bzw. Bundestagsreden- und Anträgen einzelner Mitglieder (Götze und Kirchner 2016; Götze 2019) sowie dem Abstimmungsverhalten im Bundestag und Europaparlament (Schaller und Carius 2019; Götze 2019).[13] Im Bundestagswahlprogramm 2021 heißt es etwa:

> *„Es ist bis heute nicht nachgewiesen, dass der Mensch, insbesondere die Industrie, für den Wandel des Klimas maßgeblich verantwortlich ist. Die jüngste Erwärmung liegt im Bereich natürlicher Klimaschwankungen, wie wir sie auch aus der vorindustriellen Vergangenheit kennen“ (AfD 2021, S. 173).*

Auch der AfD-Politiker Stephan Boyens führte als Vertreter des Fachausschusses für Energiepolitik an, dass der Klimawandel Panikmache sei und die Anstrengungen Deutschlands, CO_2-Emissionen zu reduzieren, wenig Sinn ergäben (Götze und Kirch-

[13] Bislang liegt keine wissenschaftliche Arbeit zum Abstimmungsverhalten der AfD im Bundestag zum Themenkomplex Klima und Umwelt vor.

ner 2016, S. 5). Anlässlich einer öffentlichen Sitzung des Umweltausschusses des Deutschen Bundestags zum Klimagipfel in Kattowitz 2018 lud die Partei den klimawandelskeptischen Wissenschaftler Nir Shaviv von der Hebrew University (Israel) ein (Rahmstorf 2018). Hinzu kommen inhaltliche Überschneidungen und persönliche Verbindungen mit dem Europäischen Institut für Klima & Energie (EIKE), welches den menschengemachten Klimawandel leugnet (Reusswig et al. 2020, S. 146 f.).[14] Die Kandidatur des Vizepräsidenten von EIKE, Michael Limburg, für die AfD im Jahr 2017, zeigt die bestehenden Verbindungen.

Dass die AfD im europäischen Vergleich besonders radikal in ihrer Ablehnung des wissenschaftlichen Konsens' zum Klimawandel ist, wird in der Untersuchung von Schaller und Carius (2019) deutlich. Die Positionen und das Abstimmungsverhalten zum Themenkomplex Klima und Umwelt von 21 rechtspopulistischen Parteien im Europaparlament werden in dieser Studie systematisch untersucht. Die rechtspopulistischen Parteien werden gemäß ihrer Einstellung zum anthropogenen Klimawandel in drei Gruppen unterteilt: *Denialist/Sceptical* (‚skeptisch'), *Disengaged/Cautious* (‚zurückhaltend') und *Affirmative* (‚bejahend'). Sieben Parteien, darunter die AfD, werden der Gruppe *Denialist/Sceptical* (Klimawandelleugnung/-skepsis) zugeordnet (ebd.). Die AfD sowie die britische UKIP fallen auch in dieser Gruppe mit besonders extremen Positionen und der Verbreitung von Desinformationen auf (ebd.).

Die Ablehnung des Konsens' zum Klimawandel beschränkt sich jedoch nicht nur auf Parteipositionen und Aussagen ihrer Mitglieder, sondern spiegelt sich auch zum Teil in deren Elektorat wider. So merken Frindte und Frindte (2020, S. 93) an: „Anhänger und Unterstützer rechtspopulistischer Parteien sind verglichen mit der Mehrheitsbevölkerung klimawandelskeptischer". Allerdings

---

[14] Das Europäische Institut für Klima & Energie (EIKE) wurde 2007 als gemeinnütziger Verein gegründet und „bietet eine Plattform für Diskussionen und Publikationen, erstellt Gutachten, organisiert Symposien und Kongresse" und versucht so einen Anschein der Wissenschaftlichkeit herzustellen (Reusswig et al. 2020, S. 147). Zentrale Positionen sind die Leugnung des menschengemachten Klimawandels sowie die Ablehnung der aktuellen Klima- und Energiepolitik (ebd.).

gibt es bisher „nur wenige Umfragen und Studien, welche AfD-Anhänger nach ihrem Natur- und Umweltschutzbewusstsein befragen“ (Götze 2019, S. 92). Zudem differenzieren vorliegende Arbeiten meist nicht zwischen rechten und rechtspopulistischen Parteien, sodass kein Rückschluss auf die Klimaeinstellungen des rechtspopulistischen Elektorats geschlossen werden kann (McCright et al. 2016). Huber (2020) hat jedoch anhand von Daten der *British Election Study* 2015 herausgefunden, dass Menschen mit populistischen Einstellungen – unabhängig von ihrer politischen Verortung – klimawandelskeptischer sind.

Die Kommunikation über den Klimawandel in rechten, deutschen Medien haben Forchtner et al. (2018, S. 599) untersucht, wobei abermals ein genereller Skeptizismus in Bezug auf den anthropogenen Einfluss auf den Klimawandel deutlich wird. Allerdings ist, den Autor*innen zufolge, nur eine der untersuchten Quellen, der Blog *Politically Incorrect* (PI), als rechtspopulistisch zu bezeichnen.[15] Die anderen sind der extrem rechten oder der Neo-Nazi-Szene zuzuordnen. Eine umfangreiche Analyse des Blogs PI, welcher in den letzten Jahren deutlich an Popularität gewonnen hat, unternimmt Weisskircher (2020, S. 4). In Bezug zu Klima- und Umweltfragen zeigt sich, dass die Häufigkeit von PI-Artikeln zum Thema ‚Umwelt bzw. Erderwärmung‘ 2019 mit insgesamt 12,5 Prozent einen Höchstpunkt erreichte (a. a. O., S. 7).[16] In den Jahren zuvor wurde das Thema Klimawandel eher randständig behandelt, während Migration das alles bestimmende Thema war und ist. Der Blog PI stellt sich dabei, wie Weisskircher (2020, S. 8) festhält, schon seit seinen Anfangsjahren „gegen die Existenz der anthropogenen Erderwärmung“. Die Plattform ist folglich „in der expliziten Leugnung des anthropogenen Klimawandels deutlich radikaler als einige der zeitgenössischen ‚rechtspopulistischen‘ Parteien Westeuropas“ (ebd., S. 8). Weitere zentrale Narrative des Umweltdis-

[15] In den letzten Jahren hat sich der Blog PI zunehmend radikalisiert und wird mittlerweile von verschiedenen Landesämtern für Verfassungsschutz als Verdachtsfall eingestuft und entsprechend beobachtet (Geyer 2014).

[16] Grundlage ist eine Berechnung von Weisskircher (2017), in der er Artikel mit den Begriffen „Fridays for Future“, „Greta“, „Klimalüge“, „Klimaschwindel“, „Thunberg“ und „Umwelt“ (2006 – 2019) berücksichtigt hat

kurses in rechten Magazinen, wie dem Jungen Forum (JF) sowie in den Parteiprogrammen der AfD und NPD, arbeiten Forchtner und Özvatan (2020) heraus. Abermals wird deutlich, dass beide Parteien die wissenschaftlichen Befunde zum Klimawandel anzweifeln, wobei sie der Wissenschaft Unglaubwürdigkeit (*scientific untrustworthiness*) und Politiker*innen einen quasi-religiösen Irrationalismus (*quasi-religious irrationalism*) unterstellen (Forchtner und Özvatan 2020, S. 186).

Dass Spielarten des Klimawandelskeptizismus unterschieden werden können, zeigt van Rensburg (2015): Seine Typologisierung hilft Argumentationsmuster zu unterscheiden und den Grad des Klimawandelskeptizismus bei verschiedenen Akteur*innen zu bestimmen. Er differenziert drei Kategorien von Klimawandelskeptizismus: *evidence scepticism*, *process scepticism* und *response scepticism*. Die Kategorie des *evidence scepticism*, die beschreibt, dass der Klimawandel an sich angezweifelt wird, unterteilt sich außerdem in die grundsätzliche Negierung eines Klimawandels (*trend scepticism*), die Infragestellung des anthropogenen Einflusses auf den Klimawandel (*cause scepticism*) sowie das Herunterspielen des negativen Einflusses des Klimawandels (*impact scepticism*) (ebd., S. 3). Für die AfD können auf Grundlage der Wahlprogramme und des Literaturreviews alle drei Formen des *evidence scepticism* identifiziert werden. So wird in dem Wahlprogramm von 2017 der Klimawandel mit Verweis auf natürlich vorkommende „Warm- und Kaltperioden" sowie der menschliche Einfluss infragegestellt und die negativen Folgen des Klimawandels angezweifelt (AfD 2017, S. 65).[17] Der hier identifizierte Wissenschaftsskeptizismus verweist zudem auf *process scepticism*, also die Infragestellung der Generierung wissenschaftlicher Ergebnisse oder der politischen Entscheidungsprozesse. Die häufig von der AfD geäußerte Kritik am IPCC wäre ein Beispiel dafür (van Rensburg 2015, S. 4; AfD 2017, S. 65). Abschließend lässt sich auch *response scepticism* wiederfinden, wie der folgende Abschnitt zu

[17] Im Programm für die Bundestagswahl 2021 werden insbesondere noch der menschliche Einfluss auf das Klima sowie die negativen Folgen der Erderwärmung abgestritten; der rezente Erwärmungstrend wird dagegen anerkannt (AfD 2021, S. 172 f.).

Klima- und Energiepolitik zeigen wird. Studien zu rechtspopulistischen Parteien und ihren Positionen zu Klima- und Umweltfragen bedienen sich jedoch meist nicht dieser bzw. einer entsprechenden Typologie, sodass eine Vergleichbarkeit der Ergebnisse erschwert ist (Gemenis et al. 2012; Götze 2019; Hess und Renner 2019; Lockwood 2018; Schaller und Carius 2019).

Schließlich wird eine besondere Nähe zwischen Wissenschaftsskeptizismus und Verschwörungserzählungen beobachtet. So tendieren nach van Prooijen (2019) Parteien am linken und rechten Rand des politischen Spektrums mehr zu Verschwörungserzählungen, wobei diese Tendenz durch den Faktor Populismus zusätzlich verstärkt wird. Er führt aus, dass die zentralen Dimensionen des Populismus, wie der Anti-Elitismus, diesen besonders anschlussfähig für Verschwörungserzählungen machen. Hendricks und Vestergaard (2019, S. 94) konstatieren: „Thus, conspiracy stories and theories have the same basic us-versus-them structure as the populist narratives, but taken to an even more extreme degree“. Nach einer Umfrage von Rees und Lamberty (2019) teilen 40 Prozent der Befragten, die verschwörungstheoretischen Aussagen eher zustimmen, auch rechtspopulistische Einstellungen.

Verschwörungserzählungen von rechtspopulistischen Akteur*innen über den Klimawandel zeigten sich beispielsweise auch im US-Wahlkampf 2016 (van Prooijen 2019). Der damalige Präsidentschaftskandidat Donald Trump konstruierte in diesem Kontext die Erzählung, dass der Klimawandel eine Lüge sei, die China erfunden hätte, um der amerikanischen Wirtschaft zu schaden (ebd.). Ebendiese Erzählung nutzte Trump 2017 als gewählter Präsident, um aus dem Pariser Klimaschutzabkommen auszutreten (Hendricks und Vestergaard 2019, S. 99). Die Infragestellung bzw. Leugnung des Klimawandels geht auch bei der AfD teils mit Verschwörungserzählungen wie der einer korrupten Wissenschaft einher (Götze und Joeres 2020). Dazu passt das Misstrauen der AfD und ihrer Wähler*innen gegenüber klassischen Medien wie Zeitungen, Radio und Fernsehen, die häufig auch als ‚Lügenpresse‘ tituliert wird (Decker und Brähler 2018, S. 233; Walther und Isemann 2019, S. 18).

‚Auf Kosten des Volkes': Ablehnung von Klimaschutz- und Energiepolitik als sozial ungerecht

Folgerichtig zu ihrer Haltung zum Klimawandel lehnen rechtspopulistische Akteur*innen Klimaschutzpolitik ab und kritisieren den angestrebten Ausstieg aus fossilen Energiequellen (Lockwood 2018; Schaller und Carius 2019; Radtke und Schreurs 2019; Hess und Renner 2019; Ćetković und Hagemann 2020). Van Rensburg (2015, S. 4f.) beschreibt die Ablehnung von Politiken bzw. die Kritik an der Art politischer Maßnahmen als *response scepticism*. Dies kann als logische Konsequenz des *evidence scepticism* interpretiert werden. Denn wenn bereits der anthtropogene Einfluss auf das Klima geleugnet wird, bedarf es auch keiner politischen Antwort in Form von Klimaschutz. So führt die AfD (2019, S. 97) in ihrem Europawahlprogramm aus, dass sie alle EU-Maßnahmen, die eine Reduktion der CO_2-Emissionen mit dem Schutz des Klimas begründen, zurückweist. Diese Position findet ihre Entsprechung in dem Abstimmungsverhalten der AfD im europäischen Parlament, welche zwischen 2014 und 2019 alle Anträge für nachhaltige Energie- und Klimapolitik abgelehnt hat (Schaller und Carius 2019, S. 28 f.). Viele rechtspopulistische Parteien im europäischen Parlament teilen diese Haltung, sind sie doch für einen Großteil der Stimmen (48 Prozent) gegen Klima- und nachhaltige Energiepolitik verantwortlich – und das obwohl sie lediglich 15 Prozent der Sitze innehaben. Nichtsdestotrotz müssen die Positionen unterschiedlicher rechtspopulistischer Akteur*innen differenziert betrachtet werden, denn im europäischen Parlament gibt es beispielsweise auch zwei Parteien (die ungarische *Fidesz* und die litauische Ordnung und Gerechtigkeit), die Klimaschutz unterstützen und diesbezüglichen Anträgen in der Regel zustimmen (ebd., S. 39).

Während Jacob et al. (2020, S. 302) anführen, dass „umweltpolitische Fragen bisher kein zentrales Thema populistischer Parteien [sind]", ist die Ablehnung von Klimaschutzpolitik eines der zentralen Themen der AfD geworden. Der ehemalige AfD-Vorsitzende und ihr programmatischer Vordenker Alexander Gauland gab beispielsweise bekannt: „Die Kritik an der sogenannten Klimaschutzpolitik ist nach dem Euro und der Zuwanderung das dritte große Thema für die AfD" (zitiert nach Reusswig et al. 2020, S. 145). So halten Reusswig et al. (ebd., S. 154) fest, dass „der Populismus in Deutschland das Handlungsfeld Energie- und Klimapolitik seit 2019 für sich als zentrale Kampfarena entdeckt (hat)“. Auch Blühdorn identifiziert diese Haltung bei der AfD:

> *„Dass etwa die deutsche AfD in ihren Wahlprogrammen explizit und mit beträchtlichem elektoralen Erfolg jegliche Klimaschutzpolitik ablehnen und den Ausstieg Deutschlands aus allen internationalen Bemühungen sowie aus der Förderung sämtlicher Klimaschutzorganisationen fordern kann (AfD 2017, 2019), wäre vordem vollständig undenkbar gewesen“ (Blühdorn 2020, S. 58).*

Die ablehnende Haltung zum Klimaschutz lässt sich weiter ausdifferenzieren. So kritisiert die AfD jegliche finanzielle Unterstützung für den Klimaschutz (Hess und Renner 2019, S. 422), multilaterale Klimaschutzverträge, wie dem Pariser Abkommen, sollen aufgekündigt werden (Schaller und Carius 2019, S. 3)[18] und die sogenannte Energiewende in Deutschland wird ebenfalls vehement abgelehnt.

Hess und Renner (2019) zeigen in einem europäischen Vergleich, dass zwar eine Mehrzahl konservativer und rechter Parteien (darunter die AfD) der Energiewende ablehnend gegenübersteht, das Feld jedoch insgesamt differenziert betrachtet werden muss:

> *„Conservatives do not necessarily all oppose decarbonization transitions, and stances on energy transition policies differ substantially between moderate and far-right conservatives, across countries, and by type of energy policy“ (Hess und Renner 2019, S. 420).*

Schaller und Carius (2019, S. 20) stellen ähnlich heraus, dass einige rechtspopulistische Parteien die Energiewende aus Gründen der Energieautarkie oder einer besseren Lebensqualität befürworten. Allerdings werden diese Argumente im Kontext einer nationalen Unabhängigkeit oder eines rechten Heimatschutzgedankens angebracht. Somit geht es diesen Parteien anstelle von Klimaschutzgründen eher darum, unabhängig von ‚ausländischen‘ Energiequellen zu werden oder die ‚eigene‘ Natur zu bewahren (ebd.).

[18] Die USA sind sogar, unter rechtspopulistischer Präsidentschaft von Donald Trump, aus dem Pariser Klimaschutzabkommen ausgetreten.

In die Ablehnung der Energiewende fällt auch die Ablehnung des Ausbaus erneuerbarer Energien durch die AfD, wobei diese insbesondere die Windenergie als „energiepolitischen Irrweg“ bezeichnet und deren Ausbau zurückweist, da er „mehr Schaden als Nutzen“ bringen würde (AfD 2017, S. 73). In diesem Zusammenhang kritisiert die AfD auch das Erneuerbare-Energien-Gesetz (EEG), welches sie wieder abschaffen möchte (Götze und Kirchner 2016, S. 5; AfD 2017). Auch E-Mobilität lehnt die AfD ab und setzt weiter auf Verbrennungsmotoren (AfD 2019).

Grundsätzlich biete die Energiewende, laut Radtke et al. (2019b, S. 5), „eine ideale Vorlage für Kritik von populistischen Bewegungen“. Dabei zeigen sich zwei Konfliktebenen: Zum einen der bundesweite Diskurs zur Energiewende und zum anderen konkrete lokale Energiewende-Projekte (Reusswig et al. 2020, S. 142f.; Reusswig et al. 2021). Die Konflikte um die Energiewende spielen sich dabei häufig auf lokaler Ebene ab, etwa wenn es um den Bau von Windkraftanlagen oder Stromnetzen geht (ebd.). Die Bürger*innenproteste bieten besondere Anknüpfungsmöglichkeiten für (rechts)populistische Diskurse und Parteien (Selk et al. 2019, S. 32). Reusswig et al. (2020, S. 143) führen aus: „Populistische Akteure greifen die lokalen Proteste auf, generalisieren sie, rahmen sie durch ihre eigenen Narrative neu, vernetzen und verhärten die Konfliktfronten“. Auch Fraune und Knodt (2018) halten fest, dass rechtspopulistische Parteien zu einer Polarisierung und Verschärfung der Konflikte um die Energiewende beitragen. Energiewendegegner*innen würden dabei teils zu „‚natürlichen‘ Verbündeten der AfD“, da ihnen das politische System auf nationaler und Länderebene kaum Resonanzraum bieten würde (Jörke und Selk 2020, S. 55). Zu nennen ist in diesem Zusammenhang auch die bundesweite Initiative ‚Vernunftkraft‘, die sich seit 2013 gegen den Bau von Windkraftanlagen einsetzt und dabei auch von der AfD unterstützt wird (Reusswig et al. 2020, S. 146).

Obwohl die AfD der Energiewende ablehnend gegenübersteht, gilt diese Position nicht eins-zu-eins für ihr Elektorat. Die Auswertung des sozialen Nachhaltigkeitsbarometers zur Energiewende 2018 zeigt zwar, dass fast jede*r fünfte AfD-Anhänger*in die Energiewende ablehnt, zugleich aber die Mehrheit der AfD-

Anhänger*innen (62 Prozent) die Energiewende befürwortet (Setton 2019, S. 8). Im Vergleich mit den anderen Parteien steht das Elektorat der AfD der Energiewende jedoch insgesamt ablehnender gegenüber. So hat auch eine von Eichenauer et al. (2018, S. 633) durchgeführte Repräsentativbefragung in 2016 ergeben, dass 44 Prozent derjenigen, die die Energiewende ablehnen, der AfD bei einer Bundestagswahl ihre Stimme geben würden. Und auch Teune et al. (2021, S. 3) beobachten auf Basis einer Online-Befragung aus 2021, dass der Anteil der Gegner*innen der Energiewende „unter den Befragten am höchsten [ist], die sich selbst im politischen Spektrum rechts der Mitte einordnen", insbesondere der AfD nahestehen oder mit der Demokratie unzufrieden sind.

Eine weitere Position rechtspopulistischer Akteur*innen im Feld der Energiepolitik ist die Unterstützung fossiler Energieträger. So befürworten alle sechs von Hess und Renner (2019) untersuchten, rechten bzw. rechtspopulistischen Parteien (inklusive AfD) in Europa eine (verstärkte) Weiternutzung fossiler Energieträger. Diese sehen die Weiternutzung als notwendig an „to ensure reliable, affordable power and domestic energy security" (Hess und Renner 2019, S. 426). Hinzu kommt, dass die AfD die besonders umweltinvasive Fördermethode des *Hydraulic Fracturing (‚Fracking')* befürwortet (ebd., S. 422). Auch eine weitere Förderung und Nutzung von Braunkohle unterstützt die AfD, da sie einen langfristigen inländischen Energieträger darstelle (AfD 2019; Forchtner und Özvatan 2020). Die Unterstützung des Kohleabbaus zeigt sich ebenso in den Einstellungen des Elektorats, da laut Nachhaltigkeitsbarometer Anhänger*innen aller Parteien, außer der AfD, mehrheitlich den Kohleausstieg befürworten (Setton 2019, S. 16). Darüber hinaus unterstützt die AfD, im Feld der Energiepolitik, die weitere Nutzung von Atomkraft und kritisiert Deutschlands geplanten Atomausstieg (Hess und Renner 2019; Forchtner und Özvatan 2020).

Ein zentrales Argument von rechtspopulistischen Parteien dafür, warum sie Klima- und Umweltschutzpolitiken ablehnen, lautet, dass sie ‚auf Kosten des Volkes' erfolge. In diesem Zusammenhang wird die Verteilungswirkung und somit die Verstärkung sozialer Ungleichheit durch entsprechende Politiken insbesondere im Bereich der Energiepolitik kritisiert (Jacob et al. 2020, S. 303; Radtke et al. 2019b; Reusswig et al. 2020, S. 146). So führt die AfD beispielhaft an, dass höhere Energiepreise ökonomisch schlechter gestellte Bevölkerungsteile (noch) mehr benachteiligen würden und die aktuelle Energiepolitik eine ‚Umverteilung von unten nach oben' erzeuge (AfD 2019, S. 65). Laut Europawahlprogramm der AfD (2019, S. 44) ist somit „der subventionierte Umstieg auf E-Mobilität für den Normalbürger […] schlichtweg unbezahlbar". Gesetze wie das EEG würden außerdem höhere Bau- und Rückbaukosten befördern, was dazu führe, dass Mieten steigen, wodurch wiederum die unteren Einkommensgruppen besonders hart getroffen würden (AfD 2017, S. 65). Dementsprechend ist ein zentrales Narrativ bei der Ablehnung von Klima- und Umweltschutzpolitiken durch rechtspopulistische Parteien im europäischen Parlament Ungerechtigkeit, wie Schaller und Carius ausführen:

> *„Assuming that emission reduction policies would lead to higher energy prices and cost people their jobs (economic decline frame), a number of parties argue that climate policy undermines social justice. While securing affordable energy for everyone is a common political priority across the entire political spectrum, some right-wing populist parties disproportionately emphasize rising electricity prices for 'the common people'" (Schaller und Carius 2019, S. 15).*

Dass Klima- und Umweltpolitik das Risiko birgt, soziale Ungleichheiten zu verstärken, ist eine Position, die sich in verschiedenen politischen Lagern findet. Rechtspopulistische Akteur*innen verknüpfen dieses Argument mit einem ‚Opfer'-Motiv und führen aus, dass die Kosten der Energiewende ausschließlich von der „sozial schwachen Bevölkerung ländlicher und marginalisierter Räume in der Nähe von Energieinfrastrukturen" getragen werden müssten (Radtke et al. 2019b, S. 5). Auch Forchtner et al. (2018, S. 597) arbeiten in ihrer Analyse rechter Medien heraus, dass „the little guy" als Leidtragender stilisiert wird, welcher – u. a. durch steigende Energiepreise benachteiligt würde. Dieses Argumentationsmuster findet sich auch in dem von Forchtner und Özvatan (2020, S. 183) identifizierten „topos of 'we' first (if cutting back emissions causes too much harm to the national economy/the 'little guy', then we should not do it)".

Rechtspopulistische Akteur*innen verknüpfen die Ablehnung von Klima- und Umweltschutzpolitik mit dem populistischen Narrativ des ‚Volkes', des ‚Normalbürger(s)' (AfD 2019, S. 44) der einfachen Leute, oder des ‚einfachen Mann(es)' (Reusswig et al. 2020, S. 156), welche durch entsprechende Politiken kollektiv und übermäßig belastet würden.

Insbesondere im Bereich der Energiewende bedient sich die AfD dieses Narrativs und findet durchaus Resonanz. So empfindet, laut Nachhaltigkeitsbarometer die Hälfte der Befragten die Energiewende als ungerecht und nur jeder Fünfte als gerecht. Überdies nehmen 75 Prozent die Energiewende als ‚teuer' wahr, wobei diese Ansicht bei Anhänger*innen der AfD mit 88 Prozent besonders verbreitet ist (Setton 2019, S. 10).

‚Gegen den Volkswillen': Klimaschutz ist undemokratisch und ein Projekt der Eliten

Wie zuvor dargestellt, findet sich bei rechtspopulistischen Akteur*innen ein Wissenschaftsskeptizismus, welcher in der Infragestellung des anthropogenen Klimawandels besonders sichtbar ist. Forchtner und Özvatan (2020, S. 183) arbeiten anhand einer Analyse rechter Medien den „*topos of scientific untrustworthiness*" heraus. Eine Erklärung für diesen Wissenschaftsskeptizismus ist, dass Wissenschaftler*innen im populistischen Diskurs zu den Eliten gezählt werden, was zu ihrer Ablehnung, inklusive ihrer wissenschaftlichen Erkenntnisse, führt (Selk et al. 2019; Götze 2019, S. 86). Klima- und Umweltschutzpolitiken basieren auf wissenschaftlichen Belegen und Expert*innenwissen und beinhalten zugleich gewisse Unsicherheiten, große Zeitspannen sowie zahlreiche Akteur*innen (Lockwood 2018, S. 724). Diese Angewiesenheit auf Expert*innenwissen bietet somit einen geeigneten Ansatzpunkt für die rechtspopulistische Kritik (Radtke und Schreurs 2019, S. 151; Selk et al. 2019). Selk et al. konstatieren:

> *„Eine populistische Reaktion auf expertokratische Politik kann zudem grundlegende Motive populistischen Denkens in Anspruch nehmen: den Anti-Elitismus und den Anti-Intellektualismus" (Selk et al. 2019, S. 44).*

Besonders zahlreich sind hierfür die Beispiele im Bereich der Energiewende, da deren „Begründung und Umsetzung auf schwer verständlicher interdisziplinärer wissenschaftlicher Expertise ruht" (Eichenauer et al. 2018, S. 645). Die wissenschaftliche Expertise, die z. B. im Rahmen von Genehmigungsverfahren für Windkraftanlagen notwendig ist, wird dabei „sowohl zu einem zentralen Konfliktgegenstand als auch zu einer Ressource", indem die AfD der klimawissenschaftlichen Gemeinschaft die Expertise abspricht (ebd., S. 645). Häufig stellt die AfD diesem Expert*innenwissen den „gesunden Menschenverstand" als „sachadäquat und demokratisch" gegenüber (ebd., S. 644). Rechtspopulistische Kräfte lehnen entsprechende Politiken demnach auch als undemokratisch ab, da diese im populistischen Diskurs ja auch immer Ausdruck eines sogenannten Volkswillens (*volonté genérále*) sein sollten. Insbesondere eine an „objektiven Sachzwängen" vermittelte Politik wird, laut Jacob et al. (2020, S. 307), von den rechtspopulistischen Akteur*innen „als alternative Konsensdemokratie diskreditiert, die gegen den Volkswillen agiere". Da eine umfassende Mitbestimmung und Partizipation in dem meist technokratisch geprägten Feld der Klimaschutzpolitik jedoch besonders schwierig ist, können durchaus „Reibungspunkte mit den Prinzipien demokratischer Entscheidungsfindung hervor(gerufen) werden" (Selk et al. 2019, S. 43). Insbesondere dann, wenn Klima- und Umweltschutzpolitiken auf Grundlage wissenschaftlicher Expertise Autorität beanspruchen (ebd.).

Ablehnung der EU und staatlicher Interventionen – Klimaschutz als Einschränkung der Freiheit

Ein weiterer Ansatzpunkt für die Ablehnung von Klima- und Umweltschutzpolitiken liegt in der Verbindung von der Ablehnung der EU mit der Klima- und Umweltschutzpolitik, die eine „der am weitesten entwickelten und ausdifferenziertesten Themenfelder des europäischen Rechts" darstellt (Radtke und Schreurs 2019, S. 163). Die AfD etwa betrachtet die Europäische Union grundsätzlich kritisch.[19] So führen Żuk und Szulecki (2020) aus, dass beispielsweise die Verteidigung des Energieträgers Kohle durch die polnische rechtspopulistische Partei Recht und Gerechtigkeit (PiS) Ausdruck einer größeren Kampagne gegen die Europäische Union sei.

Die rechtspopulistische Ablehnung der Europäischen Union kann dabei einerseits aus nationalistischen Gründen insbesondere der nationalstaatlichen Souveränität und der Hoheit über die Gesetzgebung sowie aus der grundsätzlichen Ablehnung gegenüber staatlichen Interventionen und Regulierungen resultieren. So führt die AfD (2019, S. 79) in ihrem Europawahlprogramm aus, dass in Europa jeder Staat für die Energieversorgung seiner Bevölkerung und Industrie verantwortlich bleiben müsse. Auch Forchtner und Özvatan (2020, S. 185) arbeiten in der Analyse rechter Medien und Wahlprogramme heraus, dass entsprechende Akteur*innen die „topoi of autarky and sovereignty" bei der Ablehnung von Klimaschutzpolitiken nutzen. Dass die Bedeutung nationalstaatlicher Souveränität von rechtspopulistischen Parteien besonders betont wird, halten auch Żuk und Szulecki fest:

> *„When environmentalists say 'let us protect the environment,' right-wing populists say 'let us protect sovereignty' and their nationalist supporters exclaim 'let us save and protect the nation' on internet forums. The narrative of the populist right in different contexts is more about the past than the future" (Żuk und Szulecki 2020, S. 6).*

Ebenso postulierte die AfD (2017, S. 7) bereits in ihrem Wahlprogramm für die Bundestagswahl 2017, dass die Europäische Union wieder in einen Staatenbund souveräner Staaten zurückgeführt und sich gegen Zentralismus, Gleichmacherei und Uniformität gewehrt werden müsse. In ihrem Programm zur Bundestagswahl 2021 gehen sie sogar noch weiter und fordern den ‚DEXIT', den Austritt Deutschlands aus der Europäischen Union. Entsprechend dieser Logik wird jede stärkere Klimaschutzmaßnahme durch die europäische Kommission als weitere Einmischung Brüssels verstanden (Radtke und Schreurs 2019, S. 161). Auch Gemenis et al. (2012,

[19] Zu Anfangszeiten der AfD war deren „Kernforderung […] die Auflösung der europäischen Währungsunion und eine Rückkehr zu einem national geregelten Geldwesen" (Poier et al. 2017, S. 138).

S. 16) zeigen, dass rechte Parteien ihre Positionen gegen Klima- und Umweltschutz mit Nationalismus und einem anti-europäischen Diskurs begründen. Eine Untersuchung des Umwelt-Diskurses rechtspopulistischer Parteien in Großbritannien (am Beispiel der *British National Party*) und Dänemark (am Beispiel der *Dansk Folkeparti*) zeigt komplementär, dass Klimaschutzmaßnahmen als Gefahr für die Souveränität und Unabhängigkeit der Nationalstaaten angesehen werden (Forchtner und Kølvraa 2015). Jacob et al. (2020, S. 308) führen aus, dass Regulierungen auf europäischer Ebene den (bereits vorhandenen) Eindruck rechtspopulistischer Akteur*innen stärke, dass Nationalstaaten ihre Handlungsfähigkeit und ihre Schutzfunktion einbüßen.

Damit steht in Zusammenhang, dass die rechtspopulistische Ablehnung von Klima- und Umweltschutzpolitiken aus einer allgemeinen und von der Europäischen Union unabhängigen Ablehnung staatlicher Regulierungen – in die von entsprechenden Akteur*innen häufig favorisierte freie Marktwirtschaft – resultieren kann (Schaller und Carius 2019; Radtke und Schreurs 2019). Politiken – wie Klima- und Umweltschutzpolitiken –, welche von außen in die Marktwirtschaft eingreifen und regulierend wirken, werden folglich misstrauisch betrachtet oder abgelehnt. Insbesondere in den USA ist die Abneigung gegenüber einem regulierenden Staat groß (Radtke und Schreurs 2019). So zeigen Panno et al. (2019), dass Trump-Anhänger*innen klimawandelskeptischer sind, wobei diese Korrelation über die (negative) Einstellung zu Umverteilung (im Sinne einer wohlfahrtsstaatlichen Politik) mediiert wird. Auch die AfD nennt die „Ablehnung von staatlichen Regulierungen […] als zentrales Argument gegen Energiewende und Klimaschutz" (Götze und Kirchner 2016, S. 4). Daran schließt an, dass rechtspopulistische Akteur*innen Klima- und Umweltschutzpolitiken als eine wirtschaftliche Gefahr für Nationalstaaten wahrnehmen (Schaller und Carius 2019, S. 14). Insofern identifizieren Schaller und Carius (ebd.) *economically harmful* als zentrales Narrativ rechtspopulistischer Parteien im europäischen Parlament. Steuern, Abgaben sowie Subventionen würden demnach zu einer Verringerung der Einkommen führen, die nationale Wirtschaft schädigen und dadurch zu einer Wettbewerbsverzerrung zwischen den Nationalstaaten beitragen (Jacob et al. 2020, S. 302).

Zusammengenommen verbinden sich in der rechtspopulistischen Kritik an Umwelt- und Klimaschutzpolitiken durch die EU mehrere Positionen wie Jacob et al. abschließend ausführen:

> *„Hier überlagert sich die von dieser Parteienfamilie geteilte Europaskepsis mit der Bewertung von Klimapolitik als ökonomisch und sozial problematisch, nachteilig für Nationalstaaten, besonders für solche mit einem hohen Anteil bei der Kohleverstromung. Die europäische Klimapolitik sei mit hohen Kosten verbunden und, selbst wenn sie zu einer Emissionsreduktion führe, wäre damit kein wirksamer Beitrag zum globalen Klimaschutz verbunden. Stattdessen gäbe es Wettbewerbsnachteile gegenüber Unternehmen aus den USA oder China“ (Jacob et al. 2020, S. 304).*

Die Kehrseite der Ablehnung staatlicher und suprastaatlicher Interventionen (wie durch die EU) ist das Argument, dass Klima- und Umweltschutzpolitiken die individuelle Freiheit bedrohten. Dieser Punkt ist gewiss nicht exklusiv für den Rechtspopulismus, aber hier ist er besonders prominent. So führt das ‚Europäische Institut für Klima & Energie‘ als Slogan auf ihrer Website an: „Nicht das Klima ist bedroht, sondern unsere Freiheit!“ (Reusswig et al. 2020, S. 148). Auch im Blog PI steht, dass die Menschen durch entsprechende Politiken in ihrer Lebensweise eingeschränkt würden und „even suggests the emergence of an eco-dictatorship, the totalitarian character of ‚ecologism‘ and a planned economy“ (Forchtner et al. 2018, S. 597). Insofern identifizieren Forchtner et al. (2018) *anti-freedom* als ein zentrales Narrativ in der Ablehnung von Klima- und Umweltschutzpolitiken. Somit ist es sicherlich nicht dem Zufall geschuldet, dass einige rechtspopulistische Parteien in der EU dezidiert das Wort *freedom* erhalten, wie beispielsweise die Partei für die Freiheit (Niederlande), die Freiheitliche Partei Österreichs (Österreich) oder die Partei Freiheit und direkte Demokratie (Tschechien) (für eine Übersicht siehe Schaller und Carius 2019, S. 8).

Naturschutz als Heimatschutz

Einige rechtspopulistische Parteien im europäischen Parlament setzen sich trotz Klimawandelskeptizismus und einer ablehnenden Haltung gegenüber dem Klimaschutz für den Naturschutz ein (Schaller und Carius 2019). Auch die AfD verlautbart, sich für einen „‚ehrlichen Umweltschutz'" einzusetzen und steht mit Naturschutzverbänden in Verbindung (Götze und Joeres 2020, S. 61). „So ist [z. B.] der ehemalige Chef der Grünen Liga Sachsen, Jörg Urban, mittlerweile Vorsitzender des AfD-Landesverbandes Sachsen" (Götze und Joeres 2020, S. 61).

Dass Naturschutz und Ökologie in rechten Kreisen eine durchaus wichtige Rolle einnehmen, zeigen etwa Forchtner und Özvatan (2020) in einer Analyse rechter Medien in Deutschland. Während der Klimawandel weitestgehend negiert wird, ist Biodiversität ein Thema, das sehr positiv von den entsprechenden Akteur*innen besetzt wird (ebd., S. 183). Dabei ist ein prominentes, rechtes Umweltnarrativ das der invasiven Arten (in Analogie zur Migration), vor welchen das heimische Ökosystem geschützt werden muss (ebd.).[20]

Röpke und Speit (2019) zeigen außerdem, dass in der rechtsextremen bzw. völkischen Szene teils ein naturverbundener und ökologischer Lebensstil als Teil der ideologischen Weltanschauung praktiziert wird. Entsprechende Gruppen leben als völkische Siedler*innen auf Höfen auf dem Land und betreiben ökologische Landwirtschaft sowie nationalistisches Brauchtum. Eine Trennung zwischen rechtsextremen und rechtspopulistischen Akteur*innen vorzunehmen ist an dieser Stelle wichtig und zugleich schwierig, da unter diesen teils personelle und ideologische Verbindungen bestehen wie z. B. von der AfD zu den rechten Siedler*innen (Röpke und Speit 2019, S. 7).

Dass sich rechte und rechtspopulistische Parteien auch für den Naturschutz einsetzen, kann auf historisch ideologische Gründe

[20] Im einschlägigen Magazin *Umwelt & Aktiv* verbinden sich völkische, nationalistische Ideologien mit Themen wie Naturschutz, Gärtnern und Landwirtschaft (Forchtner et al. 2018, S. 593). Im Februar 2020 erschien die letzte Auflage der Zeitschrift *Umwelt & Aktiv*. Seit April 2020 erscheint *Die Kehre*, das nachfolgende rechte Natur- und Umweltschutzmagazin.

zurückgeführt werden (Forchtner et al. 2018; Forchtner und Özvatan 2020; Götze 2019; Röpke und Speit 2019).[21] Auch heute noch spielt Naturschutz bei (extrem) rechten Parteien eine Rolle, wobei es jedoch „in erster Linie [um] das Bewahren einer Kulturlandschaft, welche dem romantischen Bild eines bäuerlich geprägten Deutschlands entspr[icht]“, geht (Fachstelle Radikalisierungsprävention und Engagement im Naturschutz 2019, S. 11). Die sogenannte traditionelle Landwirtschaft wird sogar aktiv in völkischen Siedlungen praktiziert (Röpke und Speit 2019).[22] Die Fachstelle Radikalisierungsprävention und Engagement im Naturschutz führt dazu in ihrem Leitfaden zu Naturschutz und Rechtsextremismus aus:

> *„Ein zentraler Gedanke für Rechtsextreme ist dabei die ‚natürliche‘ (geodeterministische) Verbindung von ‚Volk und Raum‘, ‚Blut und Boden‘, Land und Leuten. In dieser Vorstellung bedeutet die Veränderung der ‚deutschen Umwelt‘ automatisch eine Veränderung des ‚deutschen Volkes‘. Um diese Zerstörung oder Veränderung zu verhindern, sucht man in völkischen Argumenten und Traditionen die Lösung. Heimat bedeutet für Rechtsextreme eine Abschottung von allem Fremden“ (Fachstelle Radikalisierungsprävention und Engagement im Naturschutz 2019, S. 11).*

Obwohl es sich hier um rechtsextreme Einstellungen handelt, können diese (teilweise) auch bei rechtspopulistischen Akteur*innen identifiziert werden. Schaller und Carius (2019, S. 20) merken an, dass rechtspopulistische Parteien im europäischen Parlament, welche sich für Klimaschutz einsetzen, dies mit dem Heimatland begründen. Somit ist Naturschutz auch für rechtspopulistische

---

[21] Götze (2019, S. 98) rekonstruiert, dass bereits die um 1880 entstandene Naturschutzbewegung eine konservative, teilweise reaktionäre Bewegung gegen die Industrialisierung darstellte. Hinzu kommt, dass Naturschutz insbesondere zu Zeiten des Nationalsozialismus mit rechter Ideologie verbunden wurde. So ist das erste deutsche Naturschutzgesetz, das Reichsnaturschutzgesetz, 1935 von dem NS-Führungskader Hermann Göring initiiert worden.

[22] Dass es auch personelle Verbindungen von der AfD in die völkischen Kreise, Siedlungen und Verbände gibt zeigen Röpke and Speit (2019). Inwiefern sich hier Positionen der Bundespartei widerspiegeln bleibt jedoch aufgrund der mangelnden Datenlage offen

Akteur*innen Heimatschutz, wie auch AfD-Politiker Friedhoff in einer Rede im deutschen Bundestag ausführt (Forchtner und Özvatan 2020, S. 187). Eine Analyse der Umwelt-Kommunikation rechtspopulistischer Parteien in Großbritannien und Dänemark zeigt ebenso, dass diese die Identität der Bevölkerung mit der heimischen Natur verknüpfen, welche es als nationales Erbe zu bewahren gelte (Forchtner und Kølvraa 2015, S. 209 f.).

Landwirtschaft(spolitik)

Im Bereich der Landwirtschaftspolitik fordert die AfD eine Stärkung der bäuerlichen Landwirtschaft (AfD 2017, S. 73). Landwirtschaftliche Familienbetriebe und Genossenschaften sollen unterstützt werden, wofür sogenannte „Überregelungen durch EU, Bund und Länder" abgebaut und das „weltweite Preisdumping" verhindert werden sollen (ebd.). Zudem lehnt die AfD Agrarsubventionen durch die EU ab (Götze und Kirchner 2016, S. 7). Darüber hinaus positioniert sie sich gegen die ökologische Landwirtschaft, wie Götze und Kirchner ausführen:

> *„Allerdings kritisiert die Partei auch, dass die ökologisch ausgerichtete Landwirtschaft – wegen eines hohen Bedarfs an Arbeitskräften und niedriger Erträge – die Preise für Lebensmittel in die Höhe treibe. Hier wird also ähnlich wie bei den erneuerbaren Energien argumentiert. Für den Thüringer Landesverband ist Ökolandbau gar eine ‚Rückentwicklung'" (Götze und Kirchner 2016, S. 7).*

Dagegen setzt sich die AfD für eine kontrollierte Nutzung und weitere Forschung im Bereich der grünen Gentechnik ein (BUKO 2020, S. 29). Allerdings lehnt die AfD in einzelnen Bundesländern auch Gentechnik in der Landwirtschaft und Massentierhaltung ab. Götze und Kirchner (2016, S. 7) stellen diese Positionen jedoch als regionale Besonderheiten dar, welche nicht für die gesamte AfD verallgemeinert werden könnten. Die Positionen der AfD zur Landwirtschaftspolitik zeigen also ein heterogenes und teils widersprüchliches Bild.

Verortung der Positionen zwischen populistischer und rechter Ideologie

Die Sichtung der bestehenden Literatur hat gezeigt, dass rechte Parteien *grosso modo* klimawandelskeptischer sind und auch häufiger Klima- und Umweltschutzpolitiken ablehnen. In Deutschland äußern rechtspopulistische Akteur*innen – der Fokus lag hierbei auf der Partei AfD als Vertreterin des parteiförmigen Rechtspopulismus – insbesondere Kritik an der aktuellen Energiepolitik mit der sogenannten Energiewende. Allerdings setzt die AfD sich teilweise auch für den Naturschutz (verstanden als erweiterter Heimatschutz) ein. Bei der Landwirtschaft will die AfD bäuerliche und familiengeführte Betriebe fördern und lehnt Agrarsubventionen durch die EU ab. Während sich im rechtspopulistischen Spektrum eher gegen ökologische Landwirtschaft positioniert wird, existieren im rechtsextremen Spektrum auch ökologisch wirtschaftende und in entsprechenden Siedlungen lebende Gruppen.

Im zurückliegenden Unterkapitel wurden die Argumente, mit denen rechtspopulistische Akteure ihre umweltpolitischen Positionen begründen, zusammengetragen. Diese lassen sich zusammenfassend mit dem Phänomen des Rechtspopulismus in Verbindung setzen. Dieser setzt sich nach Mudde und Rovira Kaltwasser (siehe hierzu ausführlich Kapitel 2) aus der dünnen Ideologie des Populismus' (‚anständiges Volk' vs. ‚korrupte Elite') und der rechten Ideologie (Autoritarismus und Nativismus) zusammen. Die herausgearbeiteten Argumente und Begründungsmuster rechtspopulistischer Akteur*innen zu Fragen des Klimaschutzes und der Umwelt lassen sich nun wie folgt darstellen (Abbildung 2): Der Populismus stellt die vertikale Ebene dar, rechtsideologische Merkmale sind auf der horizontalen Ebene abgetragen.

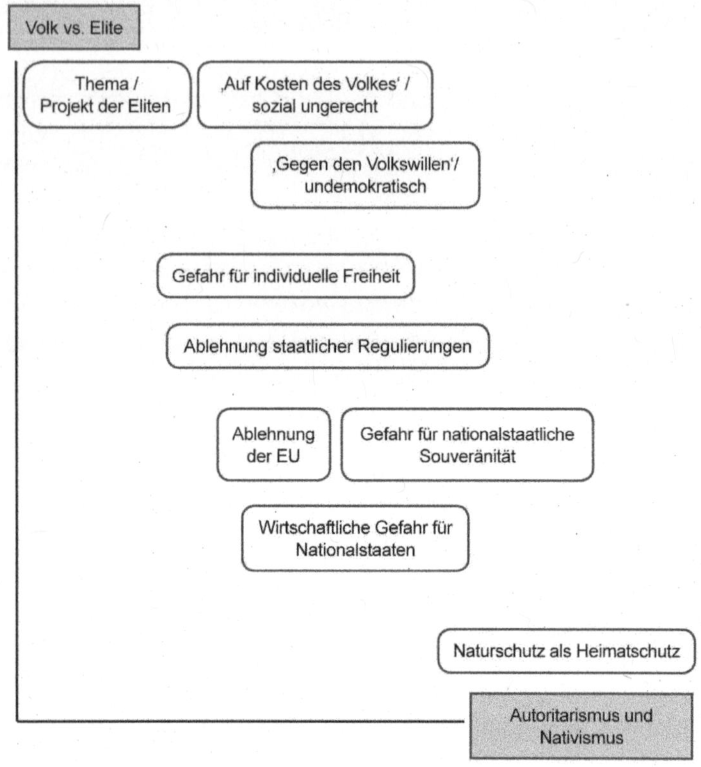

Abbildung 2: Begründungsmuster der Ablehnung von Klimaschutz zwischen Populismus und rechter Ideologie. Eigene Darstellung.

Es wird ersichtlich, dass sich ein Großteil der Argumente der AfD gegen Klima- und Umweltschutzmaßnahmen im Bereich des Populismus (Achse Volk vs. Elite) lokalisieren lässt (links oben, wie z. B. dass Klimawandel ein Thema der Wissenschaftselite ist). Klima- und Umweltschutz wird dabei als Projekt der (urbanen und kosmopolitischen) Eliten gerahmt, die ‚auf Kosten des Volkes' umgesetzt würden. Dass Klima- und Umweltschutzmaßnahmen grundsätzlich auf wissenschaftlichen Befunden und Expert*innenwissen beruhen, wird in dieser Logik als elitär und als undemokratisch zurückgewiesen. Klima- und Umweltschutzmaßnahmen werden von rechtspopulistischen Akteur*innen zudem als ‚Gefahr für die individuelle Freiheit' beschrieben. Weitere herausgearbeitete Argumente, wie die ‚Ablehnung der EU' und die ‚Ablehnung staatlicher Interventionen' lassen sich entsprechend der Visualisierung eher im Bereich zwischen Populismus und rechter Ideologie verankern (mittlerer Bereich). Insbesondere nationalistisch gefärbte Argumente, dass Klima- und Umweltschutzmaßnahmen eine ‚wirtschaftliche Gefahr für Nationalstaaten' und eine ‚Gefahr für die nationalstaatliche Souveränität' darstellen, lassen sich als Elemente der rechten Ideologie verorten (rechts unten). Weiter rahmen rechtspopulistische Akteur*innen den ‚Naturschutz als Heimatschutz', was sich eindeutig als Teil der rechten Ideologie verorten lässt. Zusammenfassend zeigt sich also, dass die rechtspopulistischen Argumente gegen Klima- und Umweltschutzpolitiken vor allem an die populistische Erzählung, die vertikale Dimension des Rechtspopulismus, anknüpfen.

3.2 Wissenschaftliche Erklärungsansätze rechtspopulistischer Positionen zu Klima und Umwelt

Nicht allein rechtspopulistische Positionen zum Klimawandel finden in der Forschung bislang wenig Beachtung. Auch die Frage, warum im Rechtspopulismus eine tendenziell ablehnende Haltung zum Klimaschutz zu finden ist, wurde bislang kaum beforscht. So stellt Lockwood fest:

> *„(T)here has been surprisingly little attention given to why right-wing populist supporters, parties and leaders in particular so often express climate scepticism and hostility towards climate policy" (Lockwood 2018, S. 725).*

Nach Herausarbeitung der Positionen, Argumente und Begründungsmuster rechtspopulistischer Parteien (mit Fokus auf die AfD) zum Themenfeld Klima und Umwelt, werden im Folgenden die Erklärungen für ebendiese Positionen im Rechtspopulismus rekonstruiert, die sich bereits in der Fachliteratur finden lassen.

Ideologische Ablehnung

Eine Vielzahl an Studien hat gezeigt, dass die Parteizugehörigkeit heute eine der stärksten Erklärungsfaktoren für die Einstellung zu Klima- und Umweltfragen darstellt (Beiser-McGrath und Huber 2018; Benegal 2018; Clements 2012; Dunlap et al. 2016; Farstad 2018; Kulin et al. 2021; McCright et al. 2016; Poortinga et al. 2011; Tranter 2013; Whitmarsh und Corner 2017). So sind insbesondere im konservativen und rechten Parteien- und Wähler*innenspektrum Klimaskeptizismus bzw. die Leugnung des anthropogenen Klimawandels sowie die Ablehnung von Klima- und Umweltschutzpolitiken festzustellen (ebd.). Und auch in den Einstellungen der Wähler*innenschaft rechter Parteien finden sich entsprechende Positionen, wie beispielsweise McCright et al. (2016) in ihrer Analyse von Umfragedaten aus dem Eurobarometer (insgesamt 25 Länder aus der EU) herausarbeiten. Demnach ist der Glaube an den Klimawandel sowie die Bereitschaft Klima- und Umweltpolitik zu unterstützen im rechten Wähler*innenspektrum deutlich geringer:

> *„Our analyses found a consistent ideological divide on climate change views in Western European countries, where citizens on the right were less likely than those on the left were to believe that anthropogenic climate change is occurring, perceive climate change to be a serious problem, believe we should deal with climate change, express a personal willingness to pay to deal with climate change, and support policies to reduce greenhouse gas emissions" (McCright et al. 2016, S. 351).*

Umfragedaten aus den USA und Großbritannien bestätigen diese Ergebnisse (Benegal 2018; Dunlap et al. 2016; Whitmarsh und Corner 2017). Anhänger*innen der Republikaner bzw. des rechten sowie des konservativen politischen Spektrums sind klimawandelskeptischer und lehnen Politiken der Nachhaltigkeit eher ab (ebd.). Dass Klimawandelskeptizismus in den Reihen der Republikaner*innen seit den 2000er Jahren noch zugenommen hat, bringt Benegal (2018) mit dem Aufschwung der rechtspopulistischen *Tea Party*-Bewegung in Verbindung.

Neben der politischen Verortung auf einer Links-Rechts-Skala, lassen sich im Kontext des Rechtspopulismus jedoch weiterführende Faktoren identifizieren, die für Klimaskeptizismus und die Ablehnung von Klima- und Umweltschutzpolitiken verantwortlich sein können. Kulin et al. (2021) heben den Nationalismus als zentralen Bestandteil rechtspopulistischer Ideologie hervor, um die ablehnende Haltung gegenüber Klima- und Umweltschutz(politiken) zu erklären. Als Ergebnis ihrer Untersuchung mit Daten aus dem European Social Survey 2016 halten sie fest:

> *„Our results show that individuals holding attitudes consistent with nationalist ideology – an increasingly characterizing trait of Western European RWP parties – are more likely to be skeptical about the realities of climate change, and substantially more likely to oppose increasing taxes on fossil fuels" (Kulin et al. 2021, S. 17).*

Eine nationalistische Einstellung hat dabei sogar eine größere Vorhersagekraft für eine ablehnende Haltung zu Klima- und Umweltschutzpolitiken als die Selbstverortung auf der politischen Links-Rechts-Skala oder das Vertrauen in die Politik (ebd.). Dass auch der Populismus eine eigenständige und zu berücksichtigende Variable in der Erklärung umweltpolitischer Einstellungen darstellt, zeigen unterdes Huber (2020) und Huber et al. (2020). Die quantitativen Analysen von Umfragedatensätzen aus den USA und Großbritannien legen nahe, dass Populismus – auch unabhängig von der Parteizugehörigkeit – einen Erklärungsfaktor von Klimawandelskeptizismus und der Ablehnung von Politiken der Nachhaltigkeit bildet:

> *„I have examined the association between populist attitudes, climate skepticism and support for environmental protection, arguing that, beyond the traditional explanation of political ideology, populist attitudes are associated with climate skepticism and stances on environmental protection" (Huber 2020, S. 17).*

Die Bedeutung der Dimension Populismus als Ergänzung zur parteipolitischen Verortung darf demnach nicht gänzlich ausgeblendet werden.

Streng genommen handelt es sich bei den hier referierten Studienergebnissen noch nicht um Erklärungen, sondern um die Beschreibung eines (statistischen) Zusammenhangs: Konservativ, rechts, nationalistisch und populistisch eingestellte Personen sind häufig skeptischer was den Klimawandel oder Umweltschutzpolitiken angeht. Wieso das so ist, kann damit noch nicht erklärt werden. Daher ist es wichtig, weitere Erklärungsansätze zu Rate zu ziehen.

Strategische Ablehnung

Klimawandelskeptizismus und die Ablehnung von Klima- und Umweltschutzpolitiken kann auch als eine (politische) Strategie verstanden werden. Laut Niedermayer (2020, S. 131) versucht die AfD – angesichts der wachsenden Bedeutung des Klimawandels – „die Leugner und Skeptiker anzusprechen, um sich erneut ein Alleinstellungsmerkmal im Parteiensystem zu sichern". „Alle anderen sind grün" war beispielsweise auf Wahlplakaten der AfD für die Bundestagswahl 2021 zu lesen. Nach Selk et al. (2019, S. 54) ist auch die Ablehnung der Energiewende „in erster Linie taktisch", um eine größtmögliche Differenz zu den etablierten Parteien aufzuzeigen. So führt die AfD in einem internen Papier aus, dass die Partei Die Grünen – die sich besonders für den Klimaschutz einsetzt – den „eigentliche[n] politische[n] Gegner der AfD" darstellt (ebd., S. 54). Mit ihrer Position zum Klimawandel kann sich die AfD außerdem „von der dominierenden Meinung in den Medien abgrenzen" (ebd., S. 55).

Für die Proteste um die Energiewende zeigen Reusswig et al. (2020) zudem wie der populistische Diskurs auf lokaler Ebene wirksam wird bzw. wie er Menschen mobilisiert. Kurz zusammengefasst nennen sie als Strategien populistischer Akteur*innen die diskursive Radikalisierung, die Aktivierung der ‚schweigenden Mehrheit', die Diffamierung oder Dämonisierung der Pro-Seite, die Diffamierung des neutralen Staates und eine homogenisierende Vernetzung (ebd., S. 152 f.). Eichenauer et al. (2018, S. 644) führen zudem an, dass bei der AfD (und bei Windkraftkritiker*innen) eine „Protesthaltung gegen die politisch und medial kommunizierte Alternativlosigkeit der Energiewende deutlich (wird)". Insbesondere die Energiewende, die 2011 von einer schwarz-gelben Bundesregierung beschlossen wurde, verkörpere für die entsprechenden Akteur*innen die vorgebliche Alternativlosigkeit politischer Entscheidungen im herrschenden System (Eichenauer et al. 2018, S. 644). Kurzum, die ablehnende Haltung der AfD gegenüber Klima- und Umweltschutzpolitik wird als Protest gegen die vorherrschende Politik sowie als Mobilisierungsstrategie verstanden.

Passend zu dieser Erklärung wird in der Literatur davon ausgegangen, dass Rechtspopulist*innen ein ideologisches Angebot für Betroffene der Transformation in fossilen Industrien machen. So geht Lockwood (2018) bei der Darstellung struktureller Erklärungsansätze davon aus, dass Arbeiter*innen aus Sektoren wie Industrie und Bergbau, die besonders von klima- und umweltpolitischen Maßnahmen betroffen sind, ein sehr geringes Interesse an diesen haben. Dass diese Annahme nicht unbegründet ist, zeigt unter anderem eine Arbeit von Bechtel et al. (2017), in der dargelegt wird, dass Menschen, die in emissionsreichen Sektoren arbeiteten, eine Reduktion von Emissionen weniger befürworten und auch weniger gewillt sind dafür zu zahlen. Sie schlussfolgern daher, dass auch arbeitsbezogene Interessen umweltpolitische Positionen prägen:

> *„Both employment-related interests as well as social norms such as reciprocity and altruism significantly predict general support for climate cooperation, the importance individuals attach to realizing reductions in greenhouse gas emissions, and their willingness to pay for environmental protection more generally" (Bechtel et al. 2017, S. 29).*

Auch Selk et al. (2019, S. 56) merken für Deutschland an, dass Rechtspopulist*innen versuchen würden, Verlierer*innen der sogenannten Energiewende zu mobilisieren. Allerdings bleibt offen, inwiefern es sich für rechtspopulistische Akteur*innen tatsächlich lohnt, eine solche Programmatik nur für diesen insgesamt sehr begrenzten Personenkreis (Arbeiter*innen in fossilen Industrien bzw. Gegner*innen der Energiewende) zu verfolgen.

Ein weiterer Aspekt ist, dass rechtspopulistische Parteien enge Verbindungen zur fossilen Industrie aufweisen und daher entsprechende Politiken ablehnen. Belege dafür finden sich jedoch eher außerhalb Europas, wie Lockwood (2018, S. 720) festhält. Auch Radtke und Schreurs (2019, S. 151) analysieren in Bezug auf die USA, dass Anti-Klimaschutzkampagnen wie von *Exxon Mobil* und der *Global Climate Coalition* einen so starken Einfluss auf die damalige Regierung unter George W. Bush ausübten, dass dadurch Klimaschutzgesetze im US-Kongress blockiert wurden.

Strategischer Naturschutz

Für die Befürwortung des Naturschutzes durch Rechtspopulist*innen wird in der Literatur davon ausgegangen, dass dies als politische Strategie zu verstehen sei. So ist es auffällig, dass rechtspopulistische Parteien in der EU oft dann Naturschutzbedenken äußern, wenn es um die Ablehnung anderer Klimapolitiken geht:

> *„General environmental issues receive more support than climate action among right-wing populist parties. Votes on environmental issues such as the EU's biodiversity strategy, have more support from the right-wing populists. This is especially the case for those parties in our sample that use environmental arguments against climate policy – most prominently Belgium's Vlaams Belang and France's National Rally (formerly Front National)" (Schaller und Carius 2019, S. 40).*

Auch die AfD (2017) führt in ihrem Wahlprogramm Gründe des Naturschutzes an, wenn sie sich gegen die Energiewende, insbesondere den Ausbau von Windkraftanlagen, positioniert. „Die verheerende Wirkung von Windkraftanlagen auf geschützte Vögel und Fledermäuse" oder die „flächendeckende Zerstörung unserer Landschaften" sind Beispiele (ebd., 73). Auch Götze (2019, S. 90) konstatiert, dass Naturschutz von der AfD „argumentativ genutzt wird, wenn es um die Energiewende geht".

Tosun und Debus (2021) zeigen anhand des Glyphosat-Verbots in Österreich, dass ein Protest rechtspopulistischer Parteien gegen die vorherrschende Politik bedeuten kann für den Natur- und Umweltschutz zu stimmen. Im Jahr 2019 hatte dort die rechtspopulistische Freiheitliche Partei Österreichs (FPÖ) einen Antrag der Sozialdemokratischen Partei (SPÖ) zu einem nationalen Verbot von Glyphosat unterstützt. Tosun und Debus (2021, S. 225) argumentieren anhand dieses Beispiels, dass sich rechtspopulistische Parteien dann für Natur- und Umweltschutz einsetzen, wenn „it helps to strengthen their anti-establishment, nativist, and authoritarian-restrictive profile". Zudem konnte die FPÖ durch ihr Abstimmungsverhalten ihre Differenz zu dem Koalitionspartner ÖVP zeigen. Abschließend versuchte sie – durch die ökologische Positionierung – so Tosun und Debus (ebd., S. 238), ihre Wähler*innenstimmen zu maximieren.

Milieus und Konflikte um die Lebensführung

Ein weiterer Erklärungsansatz für die Ablehnung von Klima- und Umweltschutzpolitiken im rechtsideologischen Lager ist die Annahme, dass sich darin ein Konflikt um die Lebensführung ausdrücke. Zahlreiche Autor*innen (u. a. Inglehart und Norris 2016; Merkel 2017) identifizieren gesamtgesellschaftlich eine neue kulturelle Konfliktlinie, die zwischen national orientierten Kommunitaristen und Kosmopoliten verlaufe (siehe hierzu auch Kapitel 2.3). Urbane und andere gesellschaftliche Eliten verkörperten die kosmopolitischen, postmateriellen und liberalen Werte, die im rechtsideologischen Spektrum grundsätzlich abgelehnt werden (Butzlaff 2020; Lockwood 2018; Radtke et al. 2019b). Die Infragestellung des wissenschaftlichen Konsens zum Klimawandel sowie die Ablehnung von Klima- und Umweltschutzpolitiken kann demnach als ‚Kollateralschaden' der Ablehnung kosmopolitischer, postmaterieller Werte (wie Nachhaltigkeit) verstanden werden (Lockwood 2018; Radtke et al. 2019b). Lockwood fasst dies als ideologischen Erklärungsansatz zusammen und konstatiert:

> *„On this view, the climate scepticism expressed by supporters of RWP movements and parties can be seen as an expression of hostility to liberal, cosmopolitan elites, rather than an engagement with the issue of climate change itself" (Lockwood 2018, S. 723).*

Nach Butzlaff (2020, S. 278) versuchen rechtspopulistische Parteien mit dieser Ablehnung außerdem „auf kultureller Ebene Werte und Normen zu prägen, sich als ‚Kulturbewegung' zu präsentieren". So ist auch die AfD, nach Selk et al. (2019), bestrebt, sich möglichst weit vom Kosmopolitismus abzugrenzen:

> *„Die Wertvorstellungen eines mehrheitlich urbanen linksliberalen Milieus, Kosmopolitismus, Nachhaltigkeit oder Multikulturalismus, werden als Negativfolie zur Etablierung eines Gegendiskurses genutzt, der auf den ‚gesunden Menschenverstand' im Gegensatz zur ‚Elitenideologie' und den Schutz der ‚eigenen' kollektiven Identität setzt. Hierbei*

> *spielt die Ablehnung sozialliberaler und sozialökologisch orientierter Denkmuster eine wichtige Rolle und stellt einen Erklärungsfaktor des Aufstiegs der neuen Rechtspopulisten dar" (Selk et al. 2019, S. 33).*

Nach Jacob et al. (2020, S. 308) trägt die Postulierung „postmaterialistischer Werte und Lebensstile als Voraussetzung für wirksamen und ausreichenden Umweltschutz", zur kulturellen Polarisierung bei.

Dass es sich bei der rechtspopulistischen Ablehnung von Klima- und Umweltschutz um einen kulturellen Konflikt handelt, kommt auch in Daggetts (2018) feministischem Ansatz der *Petromasculinity* zum Ausdruck. Nach Daggett dient das Festhalten an fossilen Energieträgern der Sicherung patriarchaler Macht- und Herrschaftsstrukturen:

> *„Fossil fuel extraction and consumption can function as a performance of masculinity, even as it also serves the interests of fossil capitalism. Similarly, the concept of petro-masculinity emphasises that global warming may sometimes be interpreted as a breach in the patriarchal dam. It alerts us to the possibility that climate change can catalyse fascist desires to secure a lebensraum, a living space, a household that is barricaded from the spectre of threatening others, whether pollutants or immigrants or gender deviants" (Daggett 2018, S. 44).*

Weitere Arbeiten (McCright und Dunlap 2011; Krange et al. 2019) konnten einen statistischen Zusammenhang zwischen dem männlichen Geschlecht und Klimawandelskeptizismus feststellen, welcher in der Literatur auch als *White-Male Effect* bezeichnet wird. So zeigen McCright und Dunlap (2011), dass in den USA insbesondere konservative weiße Männer den Klimawandel ablehnen. Dieser Effekt ist dabei umso größer, je mehr diese davon überzeugt sind den Klimawandel zu verstehen (ebd., S. 1171). Krange et al. (2019, S. 5) haben die Studie aus den USA für die norwegische Bevölkerung repliziert und kommen zu einem ähnlichen Ergebnis. Sie fanden heraus, dass 63 Prozent der befragten „konservativen Männer" nicht an einen anthropogenen Klimawandel glauben, wohingegen es bei den restlichen Befragten des Samples nur 36 Prozent sind. Darüber hinaus identifizieren die Autor*innen eine Verbindung zwischen xenophoben Einstellungen und Klimawandelleugnung bei konservativen Männern und führen aus:

> *„Considering the strong correlation between xenosceptic views and climate change denial among conservative white males, we argue that climate change denial constitutes a form of identity protective cognition among Norwegians as well, and much in line with other Nordic countries such as Sweden" (Krange et al. 2019, S. 5).*

Letztlich handelt es sich auch hier zunächst nur um eine statistische Korrelation und nicht um eine Kausalerklärung. Der *White-Male Effect* bedarf also einer erklärenden Hypothese, wie sie sich beispielsweise in Daggetts Konzept der *Petro-masculinity* findet.

Der Ansatz der *Petro-masculinity* verweist ferner auf Aspekte, die auch in der Milieu-Forschung diskutiert werden. Unter einem sozialen Milieu wird eine „Gruppe von Menschen zusammen[gefasst], die ähnliche Werthaltungen, Mentalitäten und Prinzipien der Lebensführung [hat]" (Rubik et al. 2019, S. 73). Götze (2019) hat dabei anhand von Milieu-Studien eine Verbindung zwischen dem Naturbewusstsein und der Wahl der AfD hergestellt, während Vehrkamp und Wegschaider (2017) festgestellt haben, dass die AfD von überproportional vielen Menschen aus dem traditionellen und prekären Milieu gewählt wurde.

Eversberg (2020) hat auf Basis der regelmäßig erscheinenden Umweltbewusstseinsstudie des Umweltbundesamtes (UBA) und des Bundesministeriums für Umwelt, Naturschutz und nukleare Sicherheit (BMU) die Einstellungen zu sozial-ökologischen Themen weiterführend untersucht. Er bildet dafür sechs grundlegende Einstellungsdimensionen, die er als Dispositionen („durch soziale Erfahrung erworbene innere Neigung") interpretiert und abschließend zu gruppenspezifischen Mentalitäten zusammenführt (ebd., S. 8). Dieser Mentalitäten-Ansatz erscheint insofern gewinnbringend, da seit einigen Jahren verstärkt „Konflikte auf[brechen], in denen sich sehr grundlegende Divergenzen zwischen unterschiedlichen Teilen der Bevölkerung im Hinblick auf ihre Weltsichten, Einstellungen und kollektiven Vorstellungen des Verhältnisses von Individuen, Gesellschaft und Natur ausdrücken" (ebd., S. 4 f.). So liegt der Fokus seiner Analyse auf den Mentalitätsgruppen, die eine sozial-ökologische Transformation skeptischer gegenüberstehen.

Zu nennen sind hier sogenannte regressiv-autoritäre Milieus, die eine starke veränderungsaverse, anti-politische Haltung aufweisen und „lenkenden Eingriffen in das eigene Leben […] regelrecht feindlich" gegenüberstehen (ebd., S. 68). Die dahinterstehende Lebensweise, die nicht infrage gestellt werde, sei mit einem Wunsch nach Sicherheit verbunden, die durch Autoritäten hergestellt werden soll. Für Eversberg (ebd., S. 70) handelt es sich bei dieser Gruppe auch um diejenigen, die Anti-Windkraft- und Anti-Energiewende-Politiken unterstützen und der politisch Rechten angehören. Insgesamt zeichne sich das regressiv-autoritäre Lager, dem in etwa 25 Prozent der Bevölkerung angehören (ebd., S. 90) wie folgt aus:

> *„Kennzeichnend für die Haltungen des Lagers insgesamt sind durchschnittlich eine starke Prekaritätswahrnehmung, eine deutliche Neigung zur Abwehr gegen Veränderungen und zum Festhalten an einer wachstumszentrierten Weltsicht, eine ablehnende Haltung zur Energiewende vor allem in ihren konkreten Erscheinungsformen […]. Stellt man dies in Rechnung, so kann durchaus davon ausgegangen werden, dass die Ablehnung proökologischer Politikansätze einen wichtigen gemeinsamen Bestandteil der Weltsicht aller Fraktionen dieses Lagers darstellt" (Eversberg 2020, S. 102).*

Abschließend resümiert Eversberg, welche Lager eine fossile Lebensweise befürworten und somit eine Nachhaltigkeitstransformation ablehnen würden. Diese umfassten nicht nur regressiv-autoritäre Milieus, sondern etwa auch Teile des liberal-steigungsorientierten Lagers. Somit sind die Motive hinter der Ablehnung von Klima- und Umweltpolitiken auch milieuspezifisch differenziert zu betrachten.

Verteidigung von Privilegien

An die These der Konflikte um die Lebensführung anknüpfend kann die Ablehnung von Politiken der Nachhaltigkeit auch als Verteidigung nicht allein ökonomischer, sondern auch kultureller Privilegien verstanden werden, die im Zusammenhang mit einer sozial-ökologischen Transformation in Frage gestellt werden. Insbesondere Eversberg (2018) macht diesen Ansatz stark, indem er den Aufstieg rechtspopulistischer Parteien mit einer besonders rabiaten Variante der Verteidigung einer „imperialen Lebensweise“ (Brand und Wissen 2017) bzw. des *Status quo* in Verbindung bringt (siehe hierzu ausführlich Kapitel 2.3). Klima- und Umweltschutzpolitiken (etwa die Problematisierung eines hohen Fleischanteils an der Ernährung, des Flugverkehrs sowie der Dominanz des motorisierten Individualverkehrs) stehen dabei für kulturelle Deprivilegierungsprozesse für bis dato privilegierte Teile der Bevölkerung, die von diesen vehement abgelehnt würden. Dies sei die Grundlage einer klassenübergreifenden Allianz, die den Rechtspopulismus trage.

Tiefengeschichte

Hochschild (2018) wiederum versteht die Ablehnung von Umweltschutzpolitiken als einen emotionalen Akt (siehe hierzu ebenfalls bereits Kapitel 2.3). Mithilfe von qualitativen Interviews, die sie über einen Zeitraum von fünf Jahren mit Anhänger*innen der Republikanischen Partei bzw. der *Tea Party*-Bewegung im US-Bundesstaat Louisiana führte, rekonstruiert sie deren sogenannte Tiefengeschichte (*deep story*). Durch diese möchte Hochschild das Paradoxon erklären, dass Menschen Parteien wählen, die ihren Interessen entgegenstehen und deren wirtschaftliche und soziale Probleme mitzuverantworten haben. Dabei konzentrierte sie sich auf das Thema lokaler Umweltverschmutzung als ‚Schlüssellochthema‘, um dieses Paradoxon zu enträtseln. Denn insbesondere beim Umweltschutz zeige sich dieser Widerspruch zwischen Interessen und politischen Präferenzen besonders eindrücklich:

> *„But in Louisiana, the Great Paradox was staring me in the face—great pollution and great resistance to regulating polluters. If I could truly enter the minds and hearts of people on the far right on the issue of the water they drink, the animals they hunt, the lakes they swim in, the streams they fish in, the air they breathe, I could get to know them up close“ (Hochschild 2018, S. 21).*

Die Interviewpassagen aus ihrer Arbeit zeigen, dass die Umweltprobleme (in Medien, von Politiker*innen, der Industrie, einigen Befragten) überwiegend ignoriert bzw. totgeschwiegen werden. Ein weiterer Punkt ist, dass viele der Befragten anführen, dass staatliche Regulierungen für Klima- und Umweltschutz zu einem Verlust von Arbeitsplätzen führen würden, die gerade in dem vergleichsweise armen Bundesstaat Louisiana so wichtig seien (ebd., S. 77). Und obwohl sich einige Befragten für den Umweltschutz einsetzten, zeigt Hochschilds Analyse, dass für die Unterstützung der rechten Kräfte ein anderer Aspekt entscheidend ist. Die befragten Personen streben nach wirtschaftlichem Aufstieg und hätten dafür zahlreiche Entbehrungen in Kauf genommen. Ihr als rechtmäßig wahrgenommener Platz in der ‚Warteschlange' zum sozioökonomischen Erfolg werde ihnen aber zunehmend von Vordrängler*innen (*line cutters*) streitig gemacht, denen gegenüber sie bisher privilegiert waren. Dazu zählen Frauen und Migrant*innen aber auch der mit Öl verschmierte, braune Pelikan, der in Louisiana als Symbol für die Anliegen des Umwelt- und Naturschutzes gilt. Die rechten Wähler*innen aus Louisiana fühlten sich daher von der Politik verraten und unfair behandelt. Mit anderen Worten, die befragten Menschen konstruieren eine Tiefengeschichte, in der sie die wahrgenommene Deprivilegierung verarbeiten und die zur beschriebenen paradoxen Wahlentscheidung führt.

In Anschluss an Hochschilds Analyse rekonstruiert Dörre (2020) für rechtspopulistische Wähler*innen in der Lausitz, in der die AfD bei Wahlen wiederholt zur stärksten politischen Kraft wurde, eine solche Tiefengeschichte. Dabei zeigten sich in der Lausitz die Konflikte um die Energiewende besonders deutlich. In der Tiefengeschichte der Beschäftigten der Braunkohleindustrie sehen diese durch die Energiewende „ihre Arbeits- und Lebensleistung (die zuverlässige Versorgung des Landes mit Energie) missachtet und fühlen sich gesellschaftlicher Abwertung ausgesetzt – nicht zuletzt wegen der Klimaproteste, die als gegen die Beschäftigten gerichtete wahrgenommen werden" (ebd., S. 296). Durch diese wahrgenommene soziale Missachtung und Abwertung kommt es nach Dörre zu einer ‚konservierenden Klassenpolitik'.

Psychologische Erklärungsansätze

Darüber hinaus können psychologische Faktoren zur Erklärung von Klimawandelskeptizismus bzw. der Ablehnung von Klima- und

Umweltpolitiken durch rechtspopulistische Akteur*innen herangezogen werden. Wie bereits Mudde und Rovira Kaltwasser (2020, S. 13) anführen, ist die Verbindung von Nativismus, Autoritarismus und Populismus ein zentrales Merkmal der AfD. Dabei stellt insbesondere die Variable Autoritarismus einen (psychologischen) Ansatzpunkt dar, um die Positionen rechtspopulistischer Akteur*innen zu Klima- und Umweltfragen nachzuvollziehen. Götze (2019, S. 101) merkt an, dass das dem rechten Spektrum inhärente Hierarchiedenken und dessen Autoritätshörigkeit dazu führe, dass deren Anhänger*innen sich Ausländer*innen, anderen Kulturen und Minderheiten, aber auch gegenüber ‚der Natur' überlegen fühlten. In diesem ideologischen Verständnis habe die Natur dem Menschen zu dienen und könne folglich ausgebeutet werden (ebd., S. 97). Die umfragebasierte Forschung in der Psychologie hat sich zudem umfassender mit entsprechenden Variablen befasst (Häkkinen und Akrami 2014; Jylhä und Hellmer 2020; Stanley et al. 2017). Häkkinen und Akrami (2014) untersuchten beispielsweise inwiefern die drei Variablen *Social Dominance Orientation* (SDO), *Right-Wing Authoritarianism* (RWA) sowie die politische Orientierung die abhängige Variable Klimawandelleugnung vorhersagen. Da die Variablen, psychologisch betrachtet, unterschiedliche Grundlagen haben, war den Autor*innen deren einzelne Untersuchung wichtig:

> *„Although correlated, the ideology variables have different psychological foundations. For example, while RWA is considered to be an attitudinal cluster including authoritarian submission, authoritarian aggression, and conventionalism (Altemeyer, 1981, 1998), SDO is defined as a predisposition to support group-based social hierarchies and intergroup dominance" (Häkkinen und Akrami 2014, S. 62).*

Als Ergebnis ihrer Untersuchung halten sie fest, dass ein hoher SDO-Wert sowohl Klimawandelskeptizismus als auch eine ablehnende Haltung gegenüber Klimaschutz am treffendsten vorhersagen kann. Menschen mit einem hohen SDO-Wert unterstützen soziale Hierarchien in Gruppen, was sich im Bereich Klima und Umwelt auf die Befürwortung einer Dominanz über die Natur ausdrückt. Auch eine Verteidigung des aktuellen Systems bzw. des *Status quo* wird mit einem hohen SDO-Wert in Verbindung gebracht, wodurch sich abermals eine ablehnende Haltung gegenüber neuartiger bzw. umstrukturierender Klima- und Umweltschutzpolitiken erklären lässt (Häkkinen und Akrami 2014, S. 64). Aber auch hier haben wir es mit statistischen Zusammenhängen zu tun, die mögliche Erklärungen lediglich grundieren können. In Kapitel 4 folgt eine eigene statistische Auswertung von Repräsentativdaten, die einige der hier referierten Befunde bestätigt, aber auch eigene Akzente setzt.

Zusammenfassende Betrachtung: Erklärungen des erstarkenden Rechtspopulismus und seines Verhältnis zu Fragen des Klima- und Umweltschutzes

Die in 3.2 zusammengetragenen Erklärungsansätze zu rechtspopulistischen Haltungen bezogen auf Klima- und Umweltschutzpolitiken können den allgemeinen wissenschaftlichen Erklärungen des Aufstiegs des Rechtspopulismus aus Kapitel 2 entsprechend zugeordnet werden (Tabelle 1).

Tabelle 1: Klima- und umweltpolitische Positionen im Rechtspopulismus entlang der Erklärungsansätze

Ökonomiethese	**Kulturthese**	**Kontinuitätsthese und Persönlichkeitsebene**	**Wandel im politischen Feld**	**Synthetisierende Ansätze**
Angebot für Transformationsverlierer*innen	Ablehnung kosmopolitischer, postmaterieller Werte	Psychologische Erklärungen (z. B. hoher SDO-Wert)	Strategischer Protest gegen vorherrschende Politik	Verteidigung von Privilegien
Tiefengeschichte	*Petromasculinity*		Strategischer Naturschutz	

So findet sich der Erklärungsansatz, dass Rechtspopulist*innen ein Angebot für Transformationsverlierer*innen machen, in der zuvor dargestellten Ökonomiethese wieder. Bevölkerungsgruppen, die durch Klima- und Umweltschutzpolitik eine ökonomische Schlechterstellung erwarten oder bereits erleben (z. B. Beschäftigte in fossil basierten Industrien) erhalten von rechtspopulistischen Akteur*innen das Angebot, dass ihre Industrien bzw. ihre individuelle ökonomische Situation geschützt würden.

In der Kulturthese, die den Aufstieg des Rechtspopulismus als das Ergebnis einer neuen kulturellen Spaltungslinie sieht, findet sich die ideologisch orientierte Erklärung wieder, dass die Aversion gegenüber Klima- und Umweltschutzpolitiken aus der Ablehnung kosmopolitischer, postmaterialistischer Werte entspringt. Die rechtspopulistischen Positionen zum Klima und der Umwelt sind hierbei Teil einer größeren gesellschaftlichen Spaltungslinie und einer *silent revolution in reverse* (Inglehart 2018). In diesem kulturellen Konflikt werden außerdem patriarchale Strukturen und Privilegien, die sich in fossilistisch geprägte Ausbeutungsstrukturen gegenüber der Natur einbetten, in Frage gestellt. Diese Aspekte kommen auch in Cara Daggetts (2018) These der *Petro-masculinity* zum Ausdruck.

Was in den Erklärungsansätzen zum rechtspopulistischen Aufstieg unter den Schlagworten Kontinuitätsthese und Persönlichkeitsebene subsumiert worden ist, findet sich teils bei den psychologischen Erklärungen der rechtspopulistischen Einstellungen zu Klima- und Umweltschutzpolitiken wieder. Autoritäre Einstellungen spielen beispielsweise auch bei der dargestellten Erklärung der Ablehnung von Klima- und Umweltschutzpolitiken durch hohe Zustimmungswerte bei der *Social Dominance Orientation* eine Rolle.

Unter dem Schlagwort Wandel im politischen Feld wurden Erklärungsansätze zum Erstarken des Rechtspopulismus subsumiert, die darlegen, wie sich rechtspopulistische Akteur*innen ändernde gesellschaftliche Bedingungen zu Nutze machen und sie diesen Wandel auch selbst vorantreiben. Auch die (strategische) Ablehnung von Klima- und Umweltschutzpolitiken lässt sich so verstehen: Da in Deutschland unter fast allen Parteien ein grundsätzlicher Konsens darüber besteht, dass vor allem hinsichtlich des Klimawandels ein gesellschaftlich relevantes Problem existiert, welches mit einem dringenden Handlungsbedarf einhergeht, kann sich die AfD als einzige Alternative der im Bundestag vertretenen Parteien positionieren und sich somit ein Alleinstellungsmerkmal im Parteienwettbewerb sichern. Darüber hinaus fügt sich auch der strategische Naturschutz hier ein, da rechtspopulistische Akteur*innen sich bei Argumenten des Naturschutzes bedienen.

Abschließend wurde in den synthetisierenden Ansätzen aufgezeigt, dass die unterschiedlichen Erklärungsansätze des erstarkenden Rechtspopulismus miteinander interagieren können und sich beispielsweise in kulturellen Konflikten eine ökonomische Grundierung finden lässt. Dies spiegelt sich auch in dem Ansatz von Eversberg (2018) wieder, der die Ablehnung von Klima- und Umweltschutzpolitiken durch rechtspopulistische Akteur*innen als besonders rabiate Form der Verteidigung von kulturellen und materiellen Privilegien versteht.

Die Analyse macht deutlich, dass es zwischen den Argumenten, die allgemein zum Erstarken des Rechtspopulismus angeführt werden sowie den wissenschaftlichen Erklärungen dafür, wieso Rechtspopulist*innen in der Regel Klimaschutz ablehnen, einen engen Zusammenhang gibt. Mit anderen Worten, die Positionierungen von Rechtspopulist*innen zu Fragen des Klimawandels und Umweltschutzes fügen sich in die Erklärungen des rezenten Erstarken des Rechtspopulismus ein.

Die Rekonstruktion rechtspopulistischer Positionen im Bereich Klimawandel und Umweltschutz sowie ihre Erklärungen in der Fachliteratur bezog sich primär auf die AfD. Im folgenden Kapitel soll mittels quantitativer Analysen auf Basis von Repräsentativdaten der Zusammenhang zwischen Rechtspopulismus und Fragen des Klima- und Umweltschutzes auf der Einstellungsebene tiefer ausgelotet werden.

4 Rechtspopulismus, Umwelt und Klima: Bevölkerungseinstellungen

4.1 Zielsetzung der Sekundärdatenanalyse

Trotz der globalen und nationalen Bedeutung des Rechtspopulismus ist die Verbindung zwischen rechtspopulistischen Einstellungsmerkmalen und Umweltschutz- und Klimawandelhaltungen empirisch kaum untersucht. Daher besteht die Frage, ob sich die in der Literatur identifizierten Zusammenhange auch empirisch beobachten lassen. Dabei wird in diesem Kapitel auf die Einstellungsebene der deutschen Bevölkerung fokussiert – und nicht wie zuvor auf die Positionen rechtspopulistischer Akteur*innen. Leitmotiv der quantitativen Untersuchung ist es, einen ersten deskriptiven Überblick zu verschaffen, ob sich auf Bevölkerungsebene auffällige Verteilungen und Einstellungsmuster detektieren lassen und in welcher Größenordnung überhaupt Interaktionen zu beobachten sind.

Im ersten Schritt wird das methodische Vorgehen erläutert, indem der verwendete Datensatz und die Operationalisierung vorgestellt werden. Im zweiten Schritt erfolgt die Ergebnispräsentation entlang zentraler Befunde sowie deren kritische Einordung.

4.2 Methodisches Vorgehen

Datengrundlage

Die vorliegende quantitative Analyse basiert auf Sekundärdaten des GESIS Panels, einer seit 2014 durchgeführten bevölkerungsrepräsentativen Panelbefragung mit sechs Erhebungen pro Jahr und einem Stichprobenumfang von aktuell ca. 5.100 Teilnehmenden aus drei Kohorten (GESIS 2021). Das GESIS Panel ist eine am

Leibniz-Institut für Sozialwissenschaften angesiedelte Mehrthemenbefragung. Das bedeutet, dass nicht allein zu einem eng umrissenen Themenkomplex standardisierte Fragen gestellt werden, sondern ein breites Spektrum an Inhalten adressiert wird.

Typischerweise sehen sich Sekundärdatenanalysen – neben vielerlei Vorteilen – mit dem Problem konfrontiert, dass bereits vorhandenes Datenmaterial so ‚zugeschnitten' werden muss, dass die interessierenden Merkmale valide gemessen werden können. Die Konsultation mehrerer einschlägiger und potentieller Surveys (z. B. *European Social Survey*, *International Social Survey Programme*, SOEP oder ALLBUS) hat ergeben, dass das GESIS Panel aus mehreren Gründen besonders geeignet ist, vor allem weil sich die Phänomene Rechtspopulismus, Umweltschutz und Klimawandel in ihrer Vielgestaltigkeit durch ein reichhaltiges Variablenangebot facettenreich messen lassen und weil das GESIS Panel vergleichsweise aktuelle Daten liefert (überwiegend 2019, z. T. 2017/18), die im Hinblick auf die Dynamik des Themas älteren Erhebungen vorzuziehen sind. Nachfolgend wird erläutert, wie das vorhandene Datenmaterial in den Kontext des Forschungsprojektes übersetzt werden konnte.

Operationalisierung

Umwelt- und Klimawandeleinstellungen

In der quantitativen Erforschung von umweltbezogenen Einstellungen, die auch solche zum anthropogenen Klimawandel umfassen, wird zwischen den Ebenen Umweltwissen, Umweltverhalten und Umwelteinstellungen differenziert (Haan und Kuckartz 1996, S. 37, eine Übersicht zu weiteren Differenzierungsmöglichkeiten findet sich bei Huber 2001, S. 81). In der vorliegenden Untersuchung steht die Einstellungsebene im Fokus, da diese stellvertretend die inhaltliche Repräsentanz einer Ablehnung zukünftiger Politiken der Nachhaltigkeit übernimmt und ihn ihnen potentielle Handlungsweisen eingelagert sind.

Das GESIS Panel bietet eine breite Palette an Items zur Messung von Umwelt- und Klimawandeleinstellungen. Insgesamt werden 18 Variablen gefiltert, die sowohl Umwelt- als auch Klimawandelaspekte adressieren und die jeweils allgemeine Gesichtspunkte (z. B. ob wir auf eine Umweltkatastrophe zusteuern) und konkrete Nachhaltigkeitspolitiken ansprechen (z. B. die Zahlungsbereitschaft höherer Preise für den Umweltschutz), auch um diesbezügliche Dissonanzen zu kontrastieren. Die ausgewählten 18 Variablen können fünf thematischen Feldern zugeordnet werden:

Auf Ebene der Umwelteinstellungen wird erstens das Bewusstsein hinsichtlich der Ökokrise quantifiziert (in Anlehnung und als Teildimension der NEP-Skala, Anderson 2012; Dunlap et al. 2000; Schleyer-Lindenmann et al. 2018), welches darüber informiert, in welchem Umfang die Bevölkerung die Umweltkrise als solche wahrnimmt. Zweitens wird eine Relativierung der Umweltproblematik mit der Frage gemessen, ob wir uns heutzutage zu viele Sorgen über die Zukunft der Umwelt machen, anstatt um Preise und Arbeitslosigkeit. Drittens interessiert, in welchem Umfang die Bevölkerung konkret bereit ist, im Namen des Umweltschutzes höhere Preise oder Steuern zu zahlen bzw. Einschränkungen im Lebensstandard hinzunehmen. Auf Ebene der Klimawandeleinstellungen wird viertens erhoben, wie dringlich das Problem des Klimawandels eingeschätzt wird und fünftens welche Haltungen die Menschen bezüglich der Energiewende als konkrete Maßnahme gegen den Klimawandel haben.

Einschränkend ist festzuhalten, dass aufgrund sekundärdatenanalytischer Limitationen besonders konflikt- und symbolträchtige Nachhaltigkeitspolitiken wie etwa der Bau von Windrädern in der Nähe von Siedlungen oder Naturschutzgebieten, ein vorgezogener Kohleausstieg oder Maßnahmen zur Deprivilegierung des motorisierten Individualverkehrs nicht untersucht werden konnten.

Vorbemerkung: Zum empirischen Verhältnis von Populismus und Rechtspopulismus

Die Operationalisierung des Rechtspopulismus kann je nach theoretischer Verortung und inhaltlicher Konzeption stark variieren und erweist sich in der empirischen Forschungspraxis als diffizil, da in der Rechtspopulismusforschung bislang kein einheitliches Messinstrument etabliert ist. Theoretisch wird sich im Folgenden an der von Mudde und Rovira Kaltwasser (2019) vorgeschlagenen Zweifachstruktur des Rechtspopulismus orientiert. Ihnen zufolge beschreibt der Populismus zunächst die sog. dünne Ideologie eines Konfliktes zwischen ‚anständigem Volk' und ‚korrupter Elite', die politisch in unterschiedliche Richtungen – mit den sog. dicken Ideologien – aufgeladen werden kann (siehe hierzu auch Kapitel 2). Wird die dünne Ideologie mit rechtsideologischen Bestandteilen – wie Nationalismus und Autoritarismus – angereichert, kann von Rechtspopulismus gesprochen werden. In der empirischen Arbeit werden beide Ideologiekomponenten separat betrachtet und populistische und rechte Charakteristika unabhängig voneinander in Beziehung zu Umwelt- und Klimawandeleinstellungen gesetzt. Wie in den Kapiteln 2 und 3 deutlich wurde, spielen beide Ideologien oftmals zusammen – was aber kein Automatismus ist, wie sich empirisch zeigt (Tabelle 3). In der finalen Betrachtung werden beide Ideologien in ihrer Verschränkung in Beziehung zu Umwelt- und Klimawandeleinstellungen gesetzt.

Im nächsten Schritt wird der Forschungsstand zur quantitativen Vermessung beider Phänomene aufgearbeitet, um einen sortierenden Überblick zu geben und Orientierungslinien der eigenen Messbarmachung aufzuzeigen.

Populismus (vertikale Achse)

Wie im zweiten Kapitel ausführlich dargelegt, beschreibt das Konzept des Populismus eine in sich geschlossene Weltanschauung, der zufolge einem homogenen und moralisch reinen Volk eine unmoralische, korrupte oder gar parasitäre (meist politische) Elite gegenübersteht (Müller 2016, S. 187). Das geeinte Volk, meist mit moralischen Chiffren wie ‚der kleine Mann' konnotiert, steht konträr zur abgehobenen Elite; dem Establishment; der politischen Klasse (Decker und Lewandowsky 2017). Die Kritik an ‚der' Elite lautet, dass diese (endlich wieder) den wahren Volkswillen vertreten solle und die eigenen Interessen nicht über das Wohl der Gemeinschaft stellen dürfe. Dabei ist nicht abschließend definiert, um welche Eliten es sich konkret handelt, da – wie gesehen – auch die wirtschaftliche, wissenschaftliche oder kosmopolitische Elite zum Feindbild erklärt werden kann (Inglehart 2018). Das populistische Narrativ ist geprägt durch den Antagonismus Volk (‚unten') vs.

Elite (‚oben'). Radtke et al. (2019, S. VI) verstehen Populismus „als eine spezifische Form des Auftretens polarisierender, d. h. zuspitzender Kräfte und Positionen". Diese populistische Basiserzählung (bei Mudde und Rovira Kaltwasser die dünne Ideologie) wird in Anlehnung an die empirischen Arbeiten von Hameleers und Vreese (2020) fortan als vertikale Achse des Rechtspopulismus bezeichnet.

Ein Blick in die nationale Forschungslandschaft zeigt, dass die standardisierte Erforschung populistischer Einstellungen in der Bevölkerung überschaubar ist. Meist sind Forschungen im Kontext des Populismus parteiengebunden (u. a. Lewandowsky et al. 2016; Loew und Faas 2019). Die Ausnahme stellt das Populismusbarometer dar, welches im Auftrag der Bertelsmann-Stiftung seit 2017 jährlich über die Quantität populistischer Sichtweisen in der Bevölkerung informiert (Vehrkamp und Merkel 2020) und an dem sich auch die vorliegende Studie orientiert. International hat man sich bereits extensiver mit der standardisierten Messung von populistischen Einstellungen beschäftigt (Schulz et al. 2018; Akkerman et al. 2014; Hawkins et al. 2012 u. w. m.; einen aktuellen Überblick geben Wuttke et al. 2020). In jüngerer Zeit hat man sich neben der inhaltlichen Justierung auch vermehrt messstatistischen Validitätstests von Populismusskalen gewidmet (u. a. Castanho Silva et al. 2020; Wettstein et al. 2020; Hauwaert et al. 2020). Nahezu alle Studien haben gemeinsam, dass sie Populismus dreidimensional erfassen. Huber et al. (2020, S. 379) sprechen in diesem Zusammenhang von den „drei konstitutionellen Facetten" des Populismus, die sich Vehrkamp und Merkel (2020, S. 22) zufolge „als weithin akzeptierter methodischer Standard zur vergleichenden Messung" etabliert haben. Sie umfassen:

a) die Idee des Volkes als homogene Einheit (auch bezeichnet als ‚Anti-Pluralismus'),
b) den empfundenen Antagonismus zwischen Volk und politischer Elite (auch bezeichnet als Anti-Establishment) und
c) den Wunsch nach mehr direkter Herrschaft durch die ‚einfachen Bürger' (auch bezeichnet als ‚Pro-Volkssouveränität').

Unterschiede ergeben sich dagegen in Bezug auf deren Verknüpfung: Diese wurden für sich stehend (Hawkins et al. 2012), in einer ungewichteten Skala (Elchardus und Spruyt 2016) oder einem additiven Index (Bernhard und Hänggli 2018) betrachtet. In ihrem Zusammenspiel können sie darüber hinaus kompensatorisch oder nicht-kompensatorisch verschmolzen werden (Huber et al. 2020). Auch wenn die inhaltlichen Aspekte weitgehend gesichert sind, so variieren die konkreten Frageformulierungen raum-zeitlich z. T. erheblich, was die Vergleichbarkeit erschwert. Sogleich eröffnet dies einen gewissen Spielraum, der bei der Auswahl bereits existierender Daten hilfreich ist.

Das GESIS Panel ermöglicht es, die drei konstitutionellen Populismusfacetten mithilfe mehrerer Variablen zu erfassen (Abbildung 3), wenngleich der Aspekt des Anti-Pluralismus (a) nur partiell messbar ist, da die vorfindlichen Items lediglich die wahrgenommene Homogenität der politischen Akteure adressieren, nicht die eines einheitlichen Volkes. Sogleich bietet das Variablenset des GESIS Panels auch Vorteile: Im dominanten Verständnis, das sich an Mudde und Rovira Kaltwasser orientiert, geht es nicht nur darum, Kritik ‚an denen da oben' pauschal als Populismus zu klassifizieren. Vielmehr wird diese Dichotomie moralisch aufgeladen (*Manichaen Approach*). Diese Einteilung in ‚Gut und Böse' findet bspw. im Populismusbarometer keine Berücksichtigung, lässt sich aber mithilfe des GESIS Panels untersuchen, etwa mit der Frage: „Sind die Politiker das größte Problem in Deutschland?". Zusätzlich werden Fragen zu Demokratiezufriedenheit und Institutionenvertrauen in die Analyse aufgenommen, einerseits als Vergleichsfolie zu originär populistischen Items, andererseits als Ergänzung, da Populismus relevante Stimuli wie etwa ‚die Regierung' in den oben genannten Variablen nicht gesetzt werden (so gesehen bei Reiser et al. 2018 und Decker et al. 2015). Abbildung 3 gibt jeweils ein Beispielitem zu den drei Populismusfacetten an die Hand.

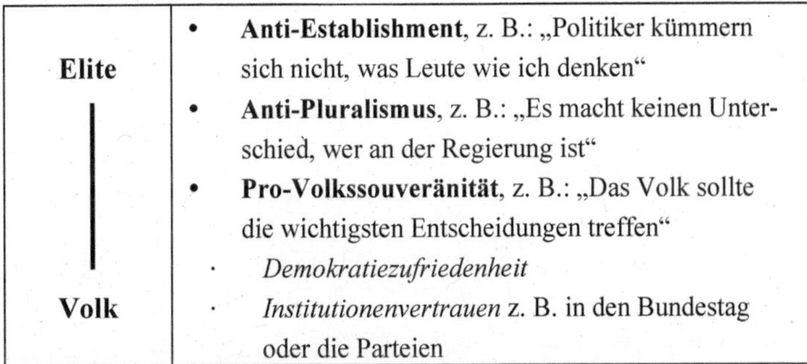

Abbildung 3: Dimensionen des Populismus (vertikale Achse). Eigene Darstellung.

Rechte Aufladung des Populismus (horizontale Achse)

Die populistische Basiserzählung wird im Rechtspopulismus durch eine zweite Konfliktlinie ergänzt, nämlich durch das ‚Wir vs. Die' im Sinne einer horizontalen Abgrenzung. Mudde (2007) zufolge ist der Kern des Rechtspopulismus das Zusammenwirken aus populistischen Einstellungen sowie den Dimensionen Autoritarismus und Nativismus (siehe Kapitel 2.1):

> *„The key feature of the radical right ideology is nativism, i. e. an ideology which holds that states should be inhabited exclusively by members of the native group (‚the nation') and that non-native elements (persons and ideas) are fundamentally threatening to the homogenous nation-state" (Mudde 2007: 19).*

Nativismus beschreibt eine „Spielart des Nationalismus, die für einen in kultureller Hinsicht möglichst homogenen Nationalstaat eintritt" (Decker, F. 2018, S. 356) gepaart mit xenophoben Weltsichten.

Autoritarismus beschreibt in diesem Kontext das „Festhalten an traditionellen Moralvorstellungen und den Glauben an die hierarchische Gliederung der Gesellschaft" (ebd.). Nativismus und Autoritarismus werden in Anlehnung an die empirischen Arbeiten von Hameleers und Vreese (2020) fortan als horizontale Achse bezeichnet (i. S. v. Mudde auch dicke Ideologie), die gemeinsam mit der vertikalen Achse das rechtspopulistische Weltbild aufspannt, wenngleich beide auch unabhängig voneinander existieren können und in beiden Stellungen empirisch beleuchtet werden. Die Operationalisierung des Rechtspopulismus gleicht einer „Annäherung an ein Chamäleon“ (Priester 2012), da sich auch andere politische Ausrichtungen auf dem Links-Rechts-Spektrum dem Nativismus und dem Autoritarismus bedienen, etwa der Konservatismus oder der Rechtsradikalismus (siehe oben).

Für die Messbarmachung in der vorliegenden Studie wird angenommen, dass rechtspopulistische Einstellungskonstellationen einen eigenen Phänomenbereich abstecken, wohl wissend, dass es themenspezifische Wahlverwandtschaften zu angrenzenden Strömungen und Richtungen gibt und Grenzen verschwimmen können. Bildlich gesprochen wird davon ausgegangen, dass der Rechtspopulismus eine Art Legitimationsbrücke in rechtsextreme Milieus sein kann, die aber nicht zwingend begangen werden muss (Heitmeyer et al. 2020, S. 64 ff.). Vor diesem Hintergrund werden explizit keine Variablen ausgewählt, die sich auf die Messung rechtsextremer Einstellungen beziehen, namentlich die Affinität zu diktatorischen Regierungsformen, eine Verharmlosung bzw. Rechtfertigung des Nationalsozialismus, antisemitische, fremdenfeindliche und sozialdarwinistische Einstellungen sowie Chauvinismus (Best und Salomo 2014, S. 9).

Bislang konnte sich kein einheitliches Instrument zur Messung des rechtspopulistischen Einstellungskomplexes durchsetzen, anders als etwa in der Rechtsextremismusforschung (u. a. Zick et al. 2019; Kreis 2007). Auch bewährte Messkonstrukte zu Teilaspekten rechter politischer Einstellungen, wie beispielsweise die ALLBUS Fragebatterie zur Ausländerfeindlichkeit, haben sich in der Rechtspopulismusforschung bislang nicht etabliert.

Zwar hat sich auf nationaler Ebene in den vergangenen Jahren ein reichhaltiger Fundus an Untersuchungen zum Rechtspopulismus herausgebildet, jedoch steht im Zentrum dieser Studien die Frage, wie sich der Wahlerfolg der AfD erklären lässt, wobei sowohl sozio-ökonomische Einflussfaktoren (eine Auswahl: Niedermayer und Hofrichter 2016; Lengfeld 2017; Lux 2018) als auch multithematische einstellungsbezogene Einflussfaktoren überprüft werden (z. B. Giebler und Regel 2017; Hambauer und Mays 2018; Schmitt-Beck et al. 2019). Studien, die keinen direkten Parteibezug herstellen, sondern sich mit rechtspopulistischen Haltungen im Allgemeinen beschäftigen und dabei die theoretisch zugewiesenen Komponenten auf ihre empirische Entsprechung hin testen, sind dagegen selten (Reiser et al. 2018; Zick et al. 2016). Aus der Fülle der auf Deutschland bezogenen Studien, die in Tabelle 2 zusammengetragen sind, lassen sich sogleich markante Rechtspopulismus-assoziierte Aspekte ableiten, die sich auf die Kernelemente Nativismus und Autoritarismus subsumieren lassen, bei einer gleichzeitigen thematischen Bandbreite.

Tabelle 2: Literaturüberblick zur Messung von Rechtspopulismus

Autor*innen		Untersuchte Aspekte des Rechtspopulismus
2015	Kiess et al.	Einstellung zu Asylsuchenden, Sinti u. Roma, Mitgliedschaft EU
2016	Zick et al.	Autoritarismus, Fremden- und Muslimfeindlichkeit, Abwertung von Asylsuchenden u. Sinti und Roma
2017	Hilmer et al.	Autoritäres Weltbild, Fremdenfeindlichkeit u. Ethnozentrismus, Nationalstolz, Zugehörigkeitskriterien für deutsche Gesellschaft, EU-Skepsis u. Globalisierungskritik
2017	Giebler und Regel	Einwanderung, EU-Verbundenheit
2018	Hambauer und Mays	Akzeptanz von Fluchtursachen und Einstellung zu Flüchtlingskrise
2018	Rippl und Seipel	Kulturelle Bedrohungsgefühle, Homogenität besser als Vielfalt, Autoritarismus
2018	Reiser et al.	Ethnozentrismus (Nationalismus u. Fremdenfeindlichkeit), Autoritarismus
2019	Schmitt-Beck et al.	Zuwanderung, Ethnozentrismus, europäische Integration

Dies reicht von allgemeinen Betrachtungsweisen zum Thema Zuwanderung, zu Fragen von Flüchtlingspolitiken, über die Abwertung migrantischer Gruppen bis hin zu Gefühlen von ‚Überfremdung' oder EU-Skeptizismus. Der Durchgang durch die Studienlandschaft zeigt, dass Marker des Rechtspopulismus heterogen operationalisiert werden.

Auf internationaler Ebene überwiegen Forschungen zum Populismus oder Rechtsextremismus. Forschungen, die die horizontale Achse rechtsideologischer Komponenten beleuchten, sind rar. Dabei fällt auf, dass die Variablen denen aus Tabelle 2 ähneln. Hameleers und Vreese (2020) bestücken die horizontale Achse etwa mit mehreren Fragen zu Migration. Kulin et al. (2021) arbeiten mit Variablen zur nationalen Verbundenheit und kulturellem Protektionismus. Pellegrini et al. (2019) beziehen Einstellungen zu konkreten migrationspolitischen Maßnahmen ein. Jylhä und Hellmer (2020) berücksichtigen darüber hinausgehend auch Geschlechteraspekte.

Den Forschungsstand resümierend kann festgehalten werden, dass die bisherigen Arbeiten durchaus helfen, die Dimensionalität des Rechtspopulismus zu taxieren. Eine Schwierigkeit bei der Konstruktion eines Messschemas bleibt jedoch bestehen: Wie kann der Vielgestaltigkeit des Rechtspopulismus einerseits Rechnung getragen werden ohne sich andererseits in Beliebigkeit zu verlieren? Das Spezifische muss trotz Mehrdimensionalität erhalten bleiben. Dieser schmale Grat wird in der vorliegenden Untersuchung versucht auszubalancieren.

Aus dem GESIS Panel können drei Dimensionen geschöpft werden, die die mit dem Rechtspopulismus in Verbindung gebrachten Themen einfangen können (Abbildung 4). Die Schlüsselelemente Nativismus und Autoritarismus bilden dabei das Grundgerüst, wobei dem Nativismus fünf Unterdimensionen zugeordnet werden.[23] Für die Aufnahme von Genderaspekten wurde sich entschieden, da die im Nativismus angelegte Exklusionstendenz auch auf Bereiche geschlechtlicher Merkmale ausgeweitet werden können (siehe auch Dagget 2018). Die inhaltliche Abdeckung gelingt je nach Dimension unterschiedlich. Während der Nativismus umfänglich gemessen werden kann, erweist sich der Datensatz zur Messung von Autoritarismus als weniger ergiebig. Die hier eingegan-

[23] Grundsätzlich finden sich Argumente, die die Dimension EU-Skeptizismus sowohl der vertikalen als auch der horizontalen Achse zuzuordnen. Aufgrund von Ergebnissen multipler Faktorenanalyse ordnen wir sie der horizontalen Achse zu.

genen Kompromisse sind sogleich Hinweisgeber für zukünftige Primärdatenkonstruktionen.

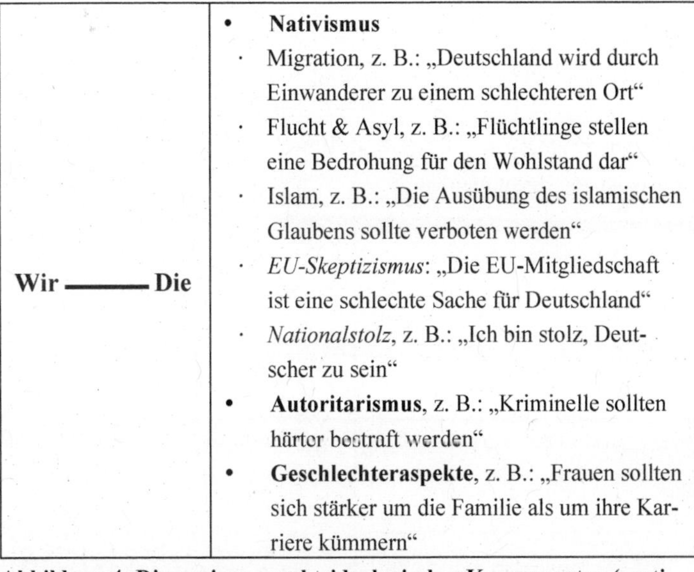

Wir ——— Die	• **Nativismus** · Migration, z. B.: „Deutschland wird durch Einwanderer zu einem schlechteren Ort“ · Flucht & Asyl, z. B.: „Flüchtlinge stellen eine Bedrohung für den Wohlstand dar“ · Islam, z. B.: „Die Ausübung des islamischen Glaubens sollte verboten werden“ · *EU-Skeptizismus*: „Die EU-Mitgliedschaft ist eine schlechte Sache für Deutschland“ · *Nationalstolz*, z. B.: „Ich bin stolz, Deutscher zu sein“ • **Autoritarismus**, z. B.: „Kriminelle sollten härter bestraft werden“ • **Geschlechteraspekte**, z. B.: „Frauen sollten sich stärker um die Familie als um ihre Karriere kümmern“

Abbildung 4: Dimensionen rechtsideologischer Komponenten (vertikale Achse). Eigene Darstellung.

Statistische Verfahren

In Anbetracht der Vielzahl der selektierten Variablen und dem Überblickscharakter der Studie wurden zunächst explorative Faktorenanalysen durchgeführt, um die theoretisch herausgearbeiteten Dimensionen und Subdimensionen empirisch zu überprüfen und die Informationsmenge zu verdichten. Auf Seite der vertikalen Achse (Populismus) konnten zwei Faktoren extrahiert werden, wobei die Dimension Pro-Volkssouveränität gemeinsam mit anderen Items auf den Faktor ‚Anti-Establishment‘ lädt. Auf Seite der horizontalen Achse (rechtsideologische Einstellungen) haben sich fünf Faktoren als eigenständig herausgestellt: Neben Nativismus, Autoritarismus und Geschlechteraspekten haben sich der EU-Skeptizismus und der Nationalstolz (in Abbildung 4 kursiv gesetzt) als autonome Faktoren erwiesen. Die Resultate der faktoriserten Datenreduktion werden in Tabelle 3 korreliert. Dabei wird offenkundig, dass vertikale und horizontale Elemente sowohl untereinander als auch miteinander unterschiedlich stark interagieren. Erwartungsgemäß geht etwa eine Anti-Establishment-Haltung mit einem erhöhten EU-Skeptizismus einher (r = 0,53). Gleichwohl ist ein ausgeprägter Nationalstolz nur schwach mit der Vorstellung assoziiert, es gäbe ein homogens Volk (r = 0,04).

Tabelle 3: Vertikale und horizontale Achse – Dimensionale Zusammenhänge

	Anti-Establishment	*Anti-Pluralismus*	*Nativismus*	*EU-Skeptizismus*	*Autoritarismus*	*Genderaspekte*
Anti-Establishment	.	0,50	0,52	0,53	0,36	0,15
Anti-Pluralismus	0,50	.	0,31	0,36	0,25	0,13
Nativismus	0,52	0,31	.	0,56	0,52	0,35
EU-Skeptizismus	0,53	0,36	0,56	.	0,33	0,23
Nationalstolz	0,07	0,04	0,22	0,05	0,21	0,11
Autoritarismus	0,36	0,25	0,52	0,33	.	0,20

Dargestellt sind die jeweiligen Korrelationskoeffizienten (Pearsons r), die alle auf dem 5-Prozent-Niveau signifikant sind.
Quelle: GESIS Panel 2019 (z. T. 2017/18).

Da es primär um das Aufdecken von Zusammenhängen zwischen dünner bzw. dicker Ideologie und Umwelt- und Klimawandeleinstellungen geht, werden die verschiedenen Dimensionen der vertikalen und horizontalen Achse überwiegend unabhängig voneinander betrachtet, trotz ihrer theoretischen und empirisch häufig auftretenden Zusammengehörigkeit (Tabelle 3). Es werden keine Skalen oder Indizes gebildet, um bspw. individuelle Rechtspopulismus-Scores zu ermitteln o. Ä.

Es werden vorrangig bivariate Korrelationen berichtet. Hintergrund ist, dass Regressionen durch theoretische Modellspezifikationen abgesichert sein müssen, um aus ihnen valide Aussagen und Prognosen ableiten zu können (Urban und Mayerl 2018). Das betrifft im Besonderen das Zusammenwirken exogener Variablen untereinander sowie das Relationsgefüge zwischen Prädiktorvariablen und ausgewählten Kontrollvariablen. Diese theoretische Spezifikation hat die vorliegende Pilotstudie aufgrund ihrer Forschungsausrichtung nicht zum Ziel. Aufgrund des Überblickscharakters der Analyse werden weiterhin keine Kausalhypothesen formuliert. In der bivariaten Zusammenhangsanalyse wird von symmetrischen Beziehungen ausgegangen. Es ist denkbar, dass (rechts-) populistische Haltungen einen Einfluss auf Umwelt- und Klimawandeleinstellungen haben, aber auch umgekehrt erscheint es plausibel, dass Umwelt- und Klimawandeleinstellungen (rechts-) populistische Haltungen befördern, weshalb auch keine Vorzeichen berichtet werden. Dies schließt Vermutungen über spezifische Richtungszusammenhänge jedoch keineswegs aus. Die Interpretation der Zusammenhangsstärken orientiert sich an den Daumenregeln von Diaz-Bone (2013, S. 95) und Burzan (2015, S. 145).

Im Rahmen ergänzender multivariater Analysen werden die Umwelt- und Klimawandeleinstellungen als abhängige Variablen, die Merkmale des (Rechts-)Populismus als unabhängige modelliert – wissend um die genannten (und weitere) Limitationen. Aufgrund der Fülle der hier untersuchten Variablen werden zentrale Erkenntnisse in stark verdichteter Form präsentiert.

Gültigkeitsprüfung der Messung

Um abzuschätzen, ob es gelungen ist, das Phänomen des Rechtspopulismus inhaltlich adäquat abzubilden, wurde in drei Schritten eine Hinwendung zur AfD als rechtspopulistische Partei als Außenkriterium getestet, wohl wissend, dass diese Zuordnung nicht unumstritten ist (Heitmeyer 2018a, 233 f.; Mudde und Rovira Kaltwasser 2019, S. 20 f.).

Korrelative Zusammenhänge

Im ersten Schritt werden die gemessenen vertikalen und horizontalen Merkmale (aus Tabelle 3) mit der AfD-Präferenz korreliert. Hierbei handelt es sich einerseits um die Sonntagsfrage, wen man wählen würde, wenn am kommenden Sonntag Bundestagswahl wäre und andererseits um die Frage, was man von der AfD als Partei hält („Überhaupt nichts" bis „Sehr viel"). Die Frage nach der Wahlentscheidung bei der letzten Bundestagswahl kann aus datensatzspezifischen Gründen nicht als Außenkriterium herangezogen werden. Es zeigt sich (Tabelle 4), dass der Großteil der gemessenen Dimensionen substantiell mit einer AfD-Affinität korrespondiert. Es erscheint angemessen davon auszugehen, dass die hier gemessenen vertikalen und horizontalen Elemente markante (rechts)populistische Elemente abbilden.

Tabelle 4: Korrelative Gültigkeitsprüfungen

	Dimension	Sonntagsfrage: AfD-Präferenz	Bewertung der AfD
Vertikale Achse	Anti-Establishment	0,46	0,37
	Anti-Pluralismus	0,22	0,18
	Pro-Volkssouveränität	0,36	0,28
Horizontale Achse	Nativismus	0,54	0,63
	EU-Skeptizismus	0,49	0,46
	Nationalstolz	0,10	0,12
	Autoritarismus	0,24	0,30
	Genderaspekte	0,19	0,22
Gemitteltes Assoziationsmaß:		**0,33**	**0,32**

Quelle: GESIS Panel 2019 (z. T. 2017/18). Maß: Cramers V, Pearsons r. Lesebeispiel: Je mehr von der AfD als Partei gehalten wird, desto stärker werden auch nativistische Haltungen geteilt (r = 0,63).

Varianzaufklärung im Modell

Die Prüfung der Gültigkeit der gemessenen Merkmale erfolgte auch multivariat. Hierfür wurden für alle 18 Umwelt- und Klimawandelitems Regressionsmodelle berechnet, in denen für die populistischen und rechtsideologischen Dimension stellvertretend die AfD-Affinität als unabhängige Variable spezifiziert wurde. Im Ergebnis wird sichtbar, dass etwa die Bewertung der AfD als Partei als Außenkriterium in ganz ähnlichem Maße Varianz binden kann wie die inhaltlichen Aspekte (Ausgangsmodell), wie beispielhaft für die Variable „Die Energiewende schadet mehr als sie nutzt" aus Tabelle 5 zu entnehmen ist.

Tabelle 5: Gültigkeitsprüfungen im Regressionsmodell

Variable: Die Energiewende schadet mehr als sie nutzt		
Modell	Ausgangsmodell	Alternativmodell: Bewertung der AfD
R^2	**27,8 %**	**28,5 %**

Quelle: GESIS Panel (z. T. 2017/18).

Dieses Resultat fundiert nicht nur die hier präsentierten Befunde, sondern ist auch ein Hinweis für andere Forschungen, dass die AfD-Präferenz scheinbar eine belastbare Proxy-Variable ist, um den rechtspopulistischen Einstellungskomplex einzufangen.

Clusteranalyse

Schließlich haben wir auf Basis von Clusteranalysen untersucht, wie groß der Bevölkerungsanteil ist, der rechtspopulistische Auffassungen teilt, also das Vorkommen vertikaler und horizontaler Aspekte, um diese Quantität der Quantität des AfD-Elektorats gegenüberzustellen. Da es streng genommen nicht die Clusteranalyse gibt, sondern verschiedene Verfahren, die je nach Proximitätsmaß und Fusionsalgorithmus zu z. T. disparaten Ergebnissen führen, wurden mehrere Verfahren angewendet und final zu einem Gesamtbild verdichtet (Blasius und Baur 2014, S. 1010).

Auch wenn sich gruppentypische Einstellungskonstellationen nicht ohne weiteres identifizieren lassen, legen die Inspektionen nahe, davon auszugehen, dass ca. 10 – 15 Prozent der Bevölkerung ein vergleichsweise konsistentes rechtspopulistisches Weltbild aufweist. Dieser Wertebereich entspricht in etwa dem Wähler*innenpotential der AfD. Innerhalb dieses Clusters zeigt sich dementsprechend, dass zwei Dritteln bei der nächsten Bundestagswahl AfD wählen würde.

Bilanzierend deutet die Prüfung der Gültigkeit darauf hin, dass die hier gemessenen Aspekte des Rechtspopulismus indikativ sind und tatsächlich das messen, was sie messen sollen, zumindest unter der Prämisse, dass die AfD-Präferenz ein sinnvolles Außenkriterium darstellt. Das herausgefunden, widmen wir uns nun den empirischen Befunden.

4.3 Empirische Befunde

Umweltsorgen: Zustimmung und Meinungsdifferenzen

Welche Einstellungen sind hinsichtlich Umwelt- und Klimawandelfragen in der Bevölkerung verbreitet? Univariate Auszählungen zeigen zunächst, dass die große Mehrheit der Deutschen ein ausgeprägtes ökologisches Krisenbewusstsein hat. So sagen etwa acht von zehn Befragten des GESIS Panels (2019), dass wir auf eine Umweltkatastrophe zusteuern und dass der Klimawandel ein ernstzunehmendes Problem ist. Klimawandel-Skeptizismus scheint auf Bevölkerungsebene ein gering ausgeprägtes Phänomen zu sein. Diese Beobachtungen decken sich mit den Ergebnissen der Umweltbewusstseinsstudien, die der deutschen Bevölkerung grundsätzlich ein hohes (verbalisiertes) Umweltbewusstsein bescheinigen (zuletzt Rubik et al. 2019). Auch Langzeitbeobachtungen auf Basis des Sozioökonomischen Panels (SOEP) (zurückgehend bis 1984) unterstreichen, dass sich stets nur eine Minderheit der Bevölkerung dezidiert keine Sorgen um die Umwelt macht, während die Mehrheit zumindest einige Umweltsorgen artikuliert (Abbildung 5). Im Jahr 2019 berichten 92 Prozent der Deutschen von einigen oder großen Umweltsorgen.

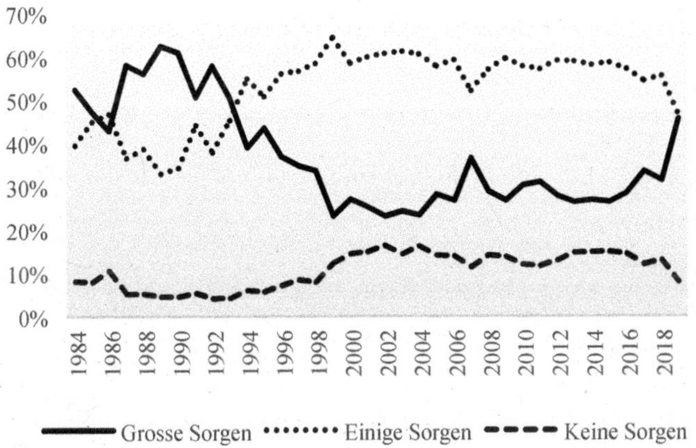

Abbildung 5: Umweltsorgen in der Bevölkerung 1984 bis 2019. Eigene Darstellung nach SOEP v36 (kumulierter Datensatz).

Ähnlich ausgeprägte Umweltsorgen finden sich auch im GESIS Panel. Weniger einig sind sich die Befragten allerdings, wenn es um konkretere Maßnahmen geht. Auf die Frage etwa, ob höhere Steuern für den Umweltschutz akzeptabel sind, dreiteilt sich die Bevölkerung: ein Drittel affirmiert Steuererhöhungen, ein Drittel ist unschlüssig und ein Drittel lehnt sie ab. Dieses Muster dupliziert sich auch im Bereich der Energiewende: Zwar sind über 80 Prozent der Auffassung, dass die Zukunft in den erneuerbaren Energien liegt, gleichwohl befürchtet jede*r Zweite, dass die Energiewende den Industriestandort Deutschland gefährdet und nur jede*r Dritte sieht große Kraftwerke für eine sichere Stromversorgung als erlässlich an. Die Probleme der Umweltkrise und des Klimawandels sind allgemein kaum angezweifelt, wenngleich der Weg zur Lösung mit erkennbaren Meinungsdifferenzen gepflastert ist. Die forschungsleitende Frage lautet nun, inwiefern populistische Haltungen und rechtsideologische Komponenten Teil dieser Meinungsdifferenzen sind. Wie beschrieben setzen wir zunächst in bivariaten Auszählungen Aspekte der vertikalen Achse in Beziehung zu Umwelt- und Klimawandeleinstellungen, gefolgt von der horizontalen Achse.

Später werden beide Achsen in ihrer Bedeutsamkeit für Umwelt- und Klimawandeleinstellungen miteinander verglichen.

Vertikale Achse: Populismus und Umwelt- und Klimawandeleinstellungen

Das GESIS Panel ermöglicht es, die drei beschriebenen Populismusfacetten – a. Anti-Establishment, b. Anti-Pluralismus und c. Pro-Volkssouveränität – mithilfe mehrerer Variablen zu erfassen. Das Konzept des Populismus als dünne Ideologie kann verhältnismäßig gut abgebildet werden, wobei die antizipierte Volkshomogenität nicht gemessen werden kann, da lediglich die Homogenität des Establishments abgefragt wird. Aufgrund der Vielzahl der Variablen und der Informationsfülle werden die Zusammenhänge zunächst im dimensionalen Aggregat betrachtet (gemittelt über die dimensionsspezifschen Umwelt- und Klimawandelvariablen). In Tabelle 6 sind in den Zeilen die fünf Umwelt- und Klimawandelthemen abgetragen, in den Spalten die zwei extrahierten Populismusfaktoren sowie die zusätzlich aufgenommenen Items zur Demokratiezufriedenheit und dem Institutionenvertrauen (siehe Kapitel 4.2).

Tabelle 6: Populismus und Umwelt- und Klimawandelaspekte – Bivariate Zusammenhänge

Dimensionen Umwelt- und Klimawandeleinstellungen	Dimensionen des Populismus				Dimensionales Mittel
	Anti-Establishment	**Anti-Pluralismus**	*Demokratiezufriedenheit*	*Institutionenvertrauen*	
Bewusstsein der Ökokrise	0,08	0,04	0,09	0,07	**0,07**
Relativierung Umweltsorgen	0,19	0,10	0,25	0,17	**0,17**
Zahlungsbereitschaft	0,15	0,07	0,25	0,19	**0,16**
Ernsthaftigkeit Klimawandel	0,10	0,11	0,19	0,15	**0,12**
Energiewendeeinstellungen	0,13	0,08	0,20	0,14	**0,13**
Dimensionales Mittel	**0,12**	**0,08**	**0,18**	**0,13**	.

Quelle: GESIS Panel 2019 (z. T. 2017/18). Maß: Pearsons r. Alle Zusammenhänge > 0,03 sind auf dem 5-Prozent-Niveau signifikant.

Lesebeispiel: Zwischen der Zahlungsbereitschaft und der Demokratiezufriedenheit besteht ein mittelstarker Zusammenhang (0,25): Je größer die Demokratiezufriedenheit der Befragten, desto größer ihre Zahlungsbereitschaft und vice versa.

Erstens zeigen die Daten, dass es zwischen den untersuchten Phänomenen durchaus Verbindungen gibt. *Grosso modo* gilt: Je eher populistische Haltungen anzutreffen sind, desto eher werden skeptische Ansichten gegenüber den abgefragten Umwelt- oder Klimaschutzmaßnahmen geäußert – geht man von dieser Wirkrichtung aus. Für die einzelnen Dimensionen durchdekliniert heißt das: Je eher Personen populistische Haltungen teilen, desto geringer ist ihr ökologisches Krisenbewusstsein ausgeprägt; desto eher relativieren sie Sorgen um die Umwelt; desto niedriger ist die Bereitschaft für den Umweltschutz Verzicht zu üben; desto weniger dringlich wird die Problematik des Klimawandels eingeschätzt und desto skeptischer wird die Energiewende betrachtet.

Zweitens fällt auf, dass die Zusammenhänge insgesamt eher schwach ausfallen. Keine (dimensional betrachtete) Beziehung erreicht hier r-Werte oberhalb von 0,25. Die beiden Populismusdimensionen stehen also eher schwach verbunden neben den Umwelt- und Klimawandelitems. Lediglich die Demokratiezufriedenheit korreliert etwas offensichtlicher mit ihnen (r = 0,18).

Auf Ebene der Umwelt- und Klimafragen erweist sich drittens die Relativierung von Umweltsorgen und die Zahlungsbereitschaft als vergleichsweise populismussensitiv. Da in dieser kondensierten Betrachtungsweise mögliche Auffälligkeiten unkenntlich bleiben, werden anschließend die zusammenhangsstärksten Variablenpaare vorgestellt. Dabei lassen sich punktuell auch substantiellere Beziehungen beobachten. In Tabelle 7 sind für jede Populismusdimension die zwei stärksten korrelativen Variablenpaare abgetragen. Der Vollständigkeit halber sind hier zusätzlich die Koeffizienten für die Populismusdimension Pro-Volkssouveränität aufgeführt, die entsprechend der Faktorenanalysen auf die Dimension Anti-Establishment lädt.

Tabelle 7: Populismus und Umwelt- und Klimawandelaspekte – Zentrale Variablenpaare

Items der Populismusdimension		Items der Umwelt- und Klimawandelaspekte	r
Anti-Establishment	Politiker als größtes Problem in Deutschland.*	Energiewende schadet mehr als sie nutzt.	0,28
	Politiker kümmern sich nicht, was Leute wie ich denken.	Energiewende schadet mehr als sie nutzt.	0,27
	Politiker kümmern sich nicht, was Leute wie ich denken.	Keine höheren Steuern für Umweltschutz.	0,26
Anti-Pluralismus	Es macht keinen Unterschied wen man wählt.	Energiewende schadet mehr als sie nutzt.	0,17
	Es macht keinen Unterschied wen man wählt.	Energiewende zerstört Industriestandort DE.	0,16
Pro-Volkssouveränität	Das Volk sollte die wichtigsten Entscheidungen treffen.*	Keine höheren Steuern für Umweltschutz.	0,23
	Das Volk sollte die wichtigsten Entscheidungen treffen.*	Energiewende schadet mehr als sie nutzt.	0,20
Demokratiezufriedenheit	Wie zufrieden sind Sie mit der Art und Weise wie die Demokratie funktioniert?	Energiewende schadet mehr als sie nutzt.	0,34
		Energiewende zerstört Industriestandort DE.	0,30
Institutionenvertrauen	Vertrauen in den Bundestag	Energiewende schadet mehr als sie nutzt.	0,29
	Vertrauen in den Bundestag	Keine höheren Steuern für Umweltschutz.	0,28

Quelle: GESIS Panel 2019 (*2017). Aufgelistet sind die Kurzbeschreibungen der Items. Alle Zusammenhänge sind auf dem 5-Prozent-Niveau signifikant.

Die Werte machen deutlich, dass sich aus den 18 Umwelt- und Klimawandelfragen drei Aspekte hervorstellen, die entsprechend ihrer Häufigkeit in besonderer Weise mit populistischen Neigungen verknüpft sind. Dies sind die Ansicht, dass die Energiewende mehr schadet als nutzt, die Position, dass sie den Industriestandort Deutschland zerstört sowie die Ablehnung höherer Steuern für den Umweltschutz. Ebenfalls zeichnet sich ein Muster ab, dass sich nachfolgend wiederholt (und das aus den univariten Auszählungen bereits bekannt ist): Es sind konkrete Politiken, wie die Energiewende oder Steuererhöhungen, die in besonderer Nähe zur vertikalen Dimension des Populismus stehen. Auffällig ist auch, dass es in Bezug auf allgemeine Umweltfragen keine nennenswerten Assoziationen zu populistischen Überzeugungen gibt, wie bspw. auf die Frage, ob das Gleichgewicht der Natur stabil genug ist, um mit der Einwirkung der Industriestaaten zurechtzukommen.

Es lässt sich festhalten, dass es Verbindungen zwischen populistischen Haltungen und Umwelt- und Klimaeinstellungen gibt, die aber eher schwach ausfallen. Besondere Assoziationen ergeben sich in Bezug auf konkrete Politikfelder wie der Energiewende und der Frage der Besteuerung.

Horizontale Achse: rechtsideologische Haltungen und Umwelt- und Klimawandeleinstellungen

Bezogen auf die rechte Aufladung des Populismus ermöglicht das GESIS Panel fünf faktorisierte Dimensionen zu prüfen. Die Schlüsselelemente Nativismus und Autoritarismus bilden dabei das Grundgerüst. Im Folgenden geht es daher erst einmal darum zu untersuchen, inwiefern – unabhängig von der populistischen Basiserzählung – die rechten Haltungen mit Umwelt und Klimaschutz zusammenhängen. Entsprechend dem Vorgehen von oben sind in Tabelle 8 zunächst im dimensionalen Aggregat die gemittelten dimensionalen Koeffizienten dokumentiert.

Tabelle 8: Rechtsideologische Komponenten und Umwelt- und Klimawandelaspekte – Bivariate Zusammenhänge

Dimensionen Umwelt- und Klimawandeleinstellungen	Rechtspopulistische Komponenten					Dimensionales Mittel
	Nativismus	EU-Skeptizismus	Nationalstolz	**Autoritarismus**	Genderaspekte	
Bewusstsein der Ökokrise	0,18	0,17	0,12	0,11	0,11	**0,12**
Relativierung Umweltsorgen	0,40	0,33	0,16	0,27	0,15	**0,24**
Zahlungsbereitschaft	0,32	0,27	0,07	0,17	0,10	**0,17**
Ernsthaftigkeit Klimawandel	0,27	0,26	0,08	0,14	0,10	**0,15**
Energiewendeeinstellungen	0,34	0,28	0,11	0,22	0,10	**0,18**
Dimensionales Mittel	**0,29**	**0,26**	**0,10**	**0,18**	**0,10**	.

Quelle: GESIS Panel 2019 (z. T. 2017/18). Maß: Pearsons r. Alle Zusammenhänge > 0,03 sind auf dem 5-Prozent-Niveau signifikant.

Erstens zeigen die Befunde, dass rechtsideologische Merkmale mit Umwelt- und Klimawandelitems interagieren. Auch hier gilt: Je eher Merkmale der horizontalen Achse von den Befragten affirmiert werden, desto eher werden auch skeptische Haltungen gegenüber den abgefragten Umwelt- und Klimaschutzmaßnahmen zum Ausdruck gebracht und vice versa. Vertreten die Befragten die hier gemessenen rechten Positionen, ist ihr ökologisches Krisenbewusstsein schwächer ausgeprägt; spielen Umweltsorgen im Vergleich zu anderen Themen eine nachgeordnete Rolle; ist die Einschränkungsbereitschaft geringer; wird der Klimawandel weniger akut eingeschätzt und die Energiewende kritischer beäugt.

Zweitens fällt auf, dass die Zusammenhänge im dimensionalen Aggregat je nach horizontalem Merkmal divergieren und größtenteils schwache bis mittlere Stärken annehmen. In spezifischen Konstellationen werden sogleich substantielle Beziehungen gemessen. Es sind zuallererst nativistische Überzeugungen und der EU-Skeptizismus, die durchaus mit einer geringeren Umwelt- und Klimawandelsensibilität konnotiert sind. Geschlechteraspekte wie etwa die Frage, ob homosexuelle Menschen in Deutschland diskriminiert werden, und der Nationalstolz sind dagegen weniger bedeutsam.

Drittens wird auf Ebene der Umwelt- und Klimawandelvariablen erkennbar, dass vor allem die Relativierung von Umweltsorgen, aber auch die Kritik an der Energiewende verstärkt mit rechtsideologischen Elementen zusammenspielen. In dieser verdichteten Form bleiben erneut Variablenpaare unkenntlich, die überdurchschnittlich stark Hand in Hand gehen. Löst man das dimensionale Aggregat auf und zoomt erneut auf konkrete Variablenpaare, treten z. T. deutlich stärkere Zusammenhänge zutage, wie Tabelle 9 zu entnehmen ist.

Tabelle 9: Rechtsideologische Komponenten und Umwelt- und Klimawandelaspekte – Zentrale Variablenpaare

Items rechtspopulistischer Komponenten		Items der Umwelt- und Klimawandelaspekte	r
Nativismus	Flüchtlinge stellen eine Bedrohung für die *Werte* dar.	Energiewende zerstört Industriestandort Deutschland.	0,40
	Flüchtlinge stellen eine Bedrohung für den *Wohlstand* dar.	Energiewende zerstört Industriestandort Deutschland.	0,40
	Deutschland wird durch Einwanderer zu einem schlechteren Ort.	Energiewende zerstört Industriestandort Deutschland.	0,40
EU-Skeptizismus	Die Mitgliedschaft in der EU ist für Deutschland eine schlechte Sache.	Energiewende schadet mehr als sie nutzt.	0,42
		Energiewende zerstört Industriestandort Deutschland.	0,41
		Zu viele Umweltsorgen, als um Preise/Arbeitslosigkeit.	0,33
Autoritarismus	Ja, härtere Strafen gegen Kriminelle verhängen.	Energiewende schadet mehr als sie nutzt.	0,29
		Energiewende zerstört Industriestandort Deutschland.	0,29
Gender	Frauen sollten sich mehr um die Familie kümmern als um ihre Karriere.	Energiewende zerstört Industriestandort Deutschland.	0,25
		Umweltkrise wird stark übertrieben.	0,24

Quelle: GESIS Panel 2019. Aufgelistet sind die Kurzbeschreibungen der Items. Alle Zusammenhänge sind auf dem 5-Prozent-Niveau signifikant.

Da beim Nationalstolz selbst die stärksten Beziehungen kleiner als 0,15 sind, wurde dieser Aspekt in der Tabelle nicht berücksichtigt. Hinsichtlich der Zusammenhangsintensität wird erkennbar, dass es substantielle Verklammerungen gibt, zuvorderst in Bezug auf nativistische Einstellungsmerkmale wie die Sorge vor Flüchtlingen (0,40) oder der Meinung, dass die Mitgliedschaft in der EU für Deutschland eine schlechte Sache ist (0,42). In Linie mit den Ergebnissen zur vertikalen Achse kristallisieren sich auch auf der horizontalen Achse bereits bekannte Umwelt- und Klimawandelaspekte heraus, die besonders sensitiv auf Vorstellungen rechts gelagerter Ideen reagieren, nämlich, dass die Energiewende mehr schadet als nutzt und dass sie den Industriestandort Deutschland zerstört.

Setzt man nicht Einzelitems in Verbindung zu Umwelt- und Klimawandelaspekten, sondern zieht den extrahierten Nativismus-Faktor zu Rate, dann stellen sich die Zusammenhänge noch schärfer ein (Abbildung 6).

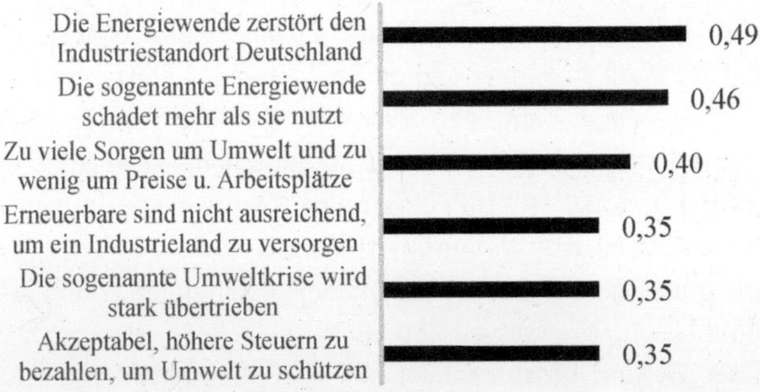

Abbildung 6: Nativismus-sensitive Umwelt- und Klimawandelitems. Eigene Darstellung nach GESIS Panel 2019. Maß: Pearsons r. Alle Zusammenhänge sind auf dem 5-Prozent-Niveau signifikant. Abgebildet sind alle Paare mit einer Mindeststärke von 0,35.

Im Rahmen der korrelativen Überprüfung wurde zusätzlich ein Merkmal des Rechtsextremismus aufgenommen, um etwaige Differenzen zum Rechtspopulismus aufzeigen zu können, wobei es sich um die Frage handelt, ob ein Führer gut für Deutschland ist, auch wenn er sich nicht immer an die Regeln hält. In Linie mit den theoretischen Erwartungen hat sich herausgestellt, dass die Zusammenhänge zwischen diesem Merkmal und den Umwelt- und Klimawandelfragen schwächer sind als zwischen diesen und nativistischen Einstellungen oder dem EU-Skeptizismus. Dieser Befund steht in Linie zu dem in Kapitel 3.1 beschriebenem Naturbezug im rechtsextremistischen Milieu.

Es lässt sich bilanzieren, dass die Zusammenhangsstärken bei der rechten Aufladung des Populismus (horizontale Achse) im Vergleich zur ‚reinen' Populismus-Dimension (vertikale Achse) stärker ausfallen. Insbesondere die Nativismus-Dimensionen stehen in einem engen Zusammenhang mit der Ablehnung von Umwelt- und Klimaschutz, dicht gefolgt vom EU-Skeptizismus. Auch hier lassen sich bezogen auf konkrete Politikfelder wie der Energiewende relevante Effekte beobachten.

Vertikale und horizontale Achsenmerkmale im Vergleich

Bivariat hat sich gezeigt, dass sowohl populistische Merkmale als auch Merkmale rechter Aufladungen mit Umwelt- und Klimawandeleinstellungen korrespondieren. Doch welche Unterschiede lassen sich zwischen dünner und dicker Ideologie beobachten?

Aggregiert man sämtliche untersuchte Variablenbeziehungen über alle inhaltlichen Dimensionen hinweg, dann zeigt sich, dass die hier gemessenen rechtsideologischen Komponenten mit einem durchschnittlichen Korrelationskoeffizienten von 0,21 fast doppelt so stark mit Umwelt- und Klimawandeleinstellungen interagieren wie populistische Merkmale mit 0,12.

Dieser Befund überträgt sich auf alle fünf untersuchten Umwelt- und Klimawandelthemen, wie Abbildung 7 zu entnehmen ist. Auf allen Ebenen übersteigen rechtsideologische Einstellungen populistische Haltungen in Bezug auf die Umwelt- und Klimawandelpositionen. Besondere Divergenzen treten zutage, wenn es darum geht, ob wir uns zu viele Sorgen um die Umwelt machen anstatt um Preise oder Arbeitslosigkeit und wie ernst das Problem des Klimawandels ist. Bezüglich der Energiewende und der globalen

Frage, ob die Umweltkrise existiert, herrscht dagegen weniger Dissens.

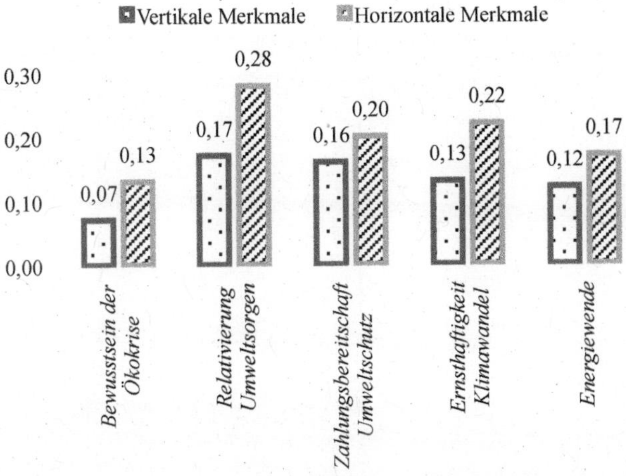

Abbildung 7: Vertikale vs. horizontale Merkmale im Vergleich. Eigene Darstellung nach GESIS Panel 2019 (z. T. 2017/18). Maß: Pearsons r. Alle Zusammenhänge sind auf dem 5-Prozent-Niveau signifikant.

Um die unterschiedliche Bedeutung von populistischen und rechten Einstellungen für Umwelt- und Klimawandelfragen zu verdeutlichen, sind in Tabelle 10 in komparativer Weise die fünf Umwelt- und Klimawandelitems mit der größten Differenz zwischen vertikaler und horizontaler Ebene abgetragen.

Tabelle 10: Differenzhierarchie vertikale vs. horizontale Merkmale

Variable	Vertikal	Horizontal	Differenz
Die sog. Umweltkrise wird stark übertrieben.	0,13	0,26	0,13
Zu viele Umweltsorgen, statt um Preise und Arbeitslosigkeit.	0,17	0,29	0,12
Der Klimawandel ist weniger ernst.	0,12	0,24	0,12
Die Energiewende zerstört Industriestandort Deutschland.	0,21	0,33	0,12
Erneuerbare Energien sind nicht ausreichend.	0,13	0,24	0,11

Quelle: GESIS Panel 2019 (z. T. 2017/18). Maß: Pearsons r. Alle Zusammenhänge sind auf dem 5-Prozent-Niveau signifikant.

Es lässt sich feststellen, dass sich Menschen mit populistischen Positionen und rechtsideologischen Haltungen in Bezug auf ihre Umwelt- und Klimawandeleinstellungen dahingehend unterscheiden, dass Menschen die populistische Ansichten teilen, kaum Zweifel an der Existenz einer bevorstehenden Umweltkrise oder des Klimawandels haben, sondern eher die politischen Maßnahmen kritisieren und tendenziell ablehnen. Menschen dagegen, die rechte Vorstellungen teilen, lehnen nicht nur praktische Nachhaltigkeitspolitiken in der Tendenz ab, sondern relativieren auch die Umweltkrise und den Klimawandel bzw. wünschen sich eine weniger prioritäre Behandlung dieses Themas.

Die Analyse (rechts-)populistischer Komponenten und ihre Bedeutung für Umwelt- und Klimawandeleinstellungen erfolgte bislang separat. Diese Vorgehensweise erscheint vor dem Hintergrund theoretischer Verschiedenheiten und nur teilweise empirisch überzeugender Wechselbezüge zwischen vertikaler und horizontaler Achse (Tabelle 3) sowie der deskriptiven Ausrichtung der Pilotstudie angemessen. Gleichwohl gibt eine simultane multivariate Betrachtung der hier untersuchten Variablen Aufschluss darüber, ob sich die bivariat als relevant erwiesenen Merkmale wie Nativismus oder EU-Skeptizismus auch im Zusammenspiel mit populistischen Einstellungsmerkmalen als belastbar erweisen. Auch ermöglicht eine regressionsanalytische Betrachtung die Absicherung, welche der 18 Umwelt- und Klimawandelitems besonders (rechts-) populismussensibel sind – auch unter zusätzlicher Kontrolle klassischer sozioökonomischer Merkmale.

Tabelle 11: Dimensionale Regressionsgewichte im Gesamtmodell

	Vertikal		**Horizontal**					
Dimensionen Umwelt- und Klimawandel-einstellungen	Anti-Establishment	Anti-Pluralismus	Nativismus	EU-Skeptizismus	Nationalstolz	Autoritarismus	Genderaspekte	R^2
Bewusstsein Ökokrise	0,17	0,04	0,15	0,11	0,06	0,06	0,04	9%
Relativierung Umweltsorgen	0,03	0,02	0,26	0,14	0,06	0,12	0,03	20%
Zahlungs-bereitschaft	0,09	0,03	0,23	0,05	0,06	0,04	0,04	12%
Ernsthaftigkeit Klimawandel	0,05	0,04	0,17	0,14	0,05	0,05	0,04	16%
Energiewende-einstellungen	0,05	0,02	0,24	0,12	0,03	0,09	0,03	11%
Beta gemittelt	0,08	0,03	0,21	0,11	0,05	0,07	0,03	.
r gemittelt	0,12	0,08	0,29	0,26	0,10	0,18	0,10	.

Quelle: GESIS Panel 2019 (z. T. 2017/18). Maß: Beta. Alle Koeffizienten > 0,04 sind auf dem 5-Prozent-Niveau signifikant.

Die Erkenntnisse, die auf Basis der folgenden linearen Regressionsmodelle gewonnen werden, haben – auch aufgrund methodischer Einschränkungen – flankierenden Charakter.[24] Für jede Umwelt- und Klimawandelfrage (hier als unabhängige Variable spezifiziert) wurde ein lineares Regressionsmodell geschätzt und entsprechend der fünf Themen dimensionalisiert (Tabelle 11).

Die standardisierten Regressionsgewichte zeigen, dass unter simultaner Kontrolle vertikaler und horizontaler Merkmale rechtsideologische Komponenten besser geeignet sind, umwelt- und klimaspezifische Einstellungen zu prognostizieren. Der Nativismus bestätigt sich als erklärungsmächtigstes Element im gesamten Variablenset, gefolgt vom EU-Skeptizismus und der Anti-Establishment-Haltung. Auch multivariat beweisen sich horizontale Elemente ‚erklärungskräftiger' als vertikale. Erklärungsschwach bleiben weiterhin die Dimensionen ‚Gender', ‚Anti-Pluralismus' und ‚Nationalstolz'. Im Vergleich zum dimensionalen Mittel des Korrelationskoeffizienten (letzte Zeile) wird deutlich, dass sich die Zusammenhänge insgesamt abschwächen, wovon vor allem der EU-Skeptizismus betroffen ist, was sich durch eine erhöhte Multikollinearität erklären lässt (Tabelle 3).

Die dimensional aggregierten und gemittelten Determinationskoeffizienten unterstreichen, was bivariat bereits deutlich wurde: Bestimmte Positionen zur Energiewende und eine gewisse Relativierung von Umweltsorgen sind in nicht unerheblichem Maße auf horizontale und vertikale Kennzeichen des Rechtspopulismus zurückzuführen. Das dimensionale Aggregat des korrigierten Deter-

---

[24] Die Regressionsdiagnostiken ergaben, dass die zentralen statistischen Voraussetzungen erfüllt und Analysen zulässig sind (Backhaus et al. 2018), wenngleich bei der Vielzahl der hier untersuchten Variablen auch einige Schwachstellen zu konstatieren sind (z. B. Item-spezifische Nichtlinearität, Heteroskedastizität oder extrem schiefe Verteilungen), die aber mit Blick auf die Forschungsagenda nicht prioritär behandelt wurden (etwa durch logarithmieren problematischer Variablen oder deren Reskalierung). Aufgrund der spezifischen Datenstruktur des GESIS Panels hat sich die Fallzahl teilweise auf 1.400 Personen reduziert, sodass auch etwaige Verzerrungen durch Stichprobenfehler einkalkuliert werden müssen. Gründe hierfür sind vielfältig (u. a. gibt es Items, die nur kohortenbezogen abgefragt wurden. Auch arbeitet das GESIS Panel mit sog. Experimental-Items, die nur Substichproben vorgelegt werden, aber auch der Einbezug von Faktoren führt bei der Fülle an Variablen zu größeren Fallreduktionen).

minationskoeffizienten verdeckt sogleich heterogene Varianzbindungen. Das nachstehende Balkendiagramm umfasst die unabhängigen Variablen, von denen das hier aufgestellte Modell mindestens 15 Prozent ihrer Varianz absorbieren und damit von einem akzeptablen Modellfit gesprochen werden kann (Cohen 1988), wenngleich eine Orientierung an Daumenregeln nur ein erster Interpretationsschritt ist und vorzugsweise Ergebnisse anderer Studien aus ähnlichen Kontexten als Vergleichsfolien herangezogen werden sollten. Zur Kontrastierung sind die zwei endogenen Variablen aufgeführt, deren Varianz zu maximal 5 Prozent aufgeklärt werden konnte.

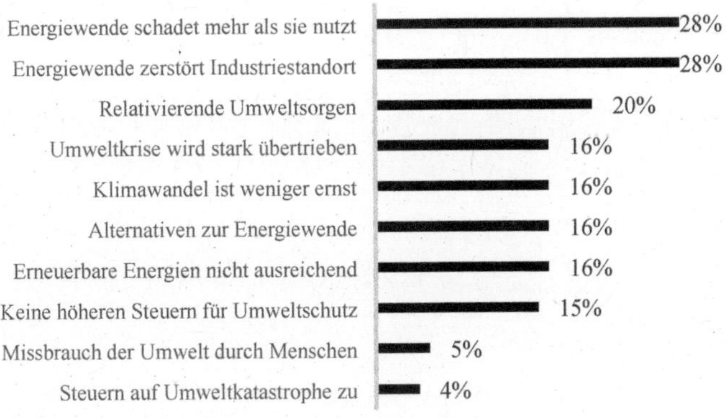

Abbildung 8: Varianzaufklärung ausgewählter rechtspopulistischer Komponenten. Eigene Darstellung nach GESIS Panel 2019 (z. T. 2017/18).

Auch multivariat behaupten sich die bislang auffälligsten Umwelt- und Klimaitems als besonders rechtspopulismussensibel: Die Sorge, dass die Energiewende mehr schadet als nutzt und dass sie den Industriestandort Deutschland zerstört, kann zu einem nicht unerheblichen Teil auf horizontale und vertikale Elemente zurückgeführt werden, ebenso wie Einstellungen, die die Umweltkrise oder den Klimawandel zwar nicht leugnen, aber die gesellschaftliche und politische Aufmerksamkeit für überzogen halten.

Exkurs: Sozioökonomische Lagemerkmale
In einem weiteren Regressionsmodell wurden klassische sozioökonomische Kontrollvariablen aufgenommen, um zu überprüfen, ob und wenn ja, wie, die Merkmale Alter, Geschlecht, Wohnort (Ost/West), Urbanisierungsgrad, Schulabschluss und Einkommen mit Umwelt- und Klimawandeleinstellungen im Zusammenspiel mit rechtspopulistischen Einstellungen wirken und wie groß die Nettoeffekte ausfallen. Dabei hat sich gezeigt, dass keines der genannten Merkmale erwähnenswert auf die unabhängigen Variablen einwirkt. Auch die Modellgüte konnte nicht nennenswert verbessert werden. Das legt zunächst nahe, davon auszugehen, dass in unserem Kontext Einstellungen stärker auf Einstellungen wirken als die sozioökonomische Lage auf Einstellungen. Hier sind jedoch tiefergehende Analysen notwendig, da es sich hierbei um einen Mediatoreffekt handeln könnte. Untersucht man etwa die korrelativen Zusammenhänge zwischen sozioökonomischer Lage und rechtspopulistischen Haltungen zeigen sich substantielle Verbindungen. Beispielsweise korreliert der Schulabschluss mit nativistischen Auffassungen insofern relativ hoch (0,28), dass Menschen mit niedrigeren Bildungsabschlüssen häufiger nativistisch eingestellt sind.

4.4 Zusammenfassung

Es gibt empirische Hinweise, dass auf Bevölkerungsebene ein Zusammenhang zwischen rechtspopulistischen Haltungen und Umwelt- und Klimawandeleinstellungen existiert. Der hier vorliegende deskriptive Überblick auf Grundlage von Sekundärdaten des GESIS Panels aus dem Jahr 2019 zeigt, dass Differenzen vor allem in Bezug auf konkrete Politiken der Nachhaltigkeit bestehen und rechtsideologische Aspekte im Sinne einer dicken Ideologie stärker ins Gewicht fallen als populistische im Sinne einer dünnen Ideologie. Unsere Ergebnisse unterscheiden sich – auch durch unterschiedliche Modellspezifikationen und Interpretationen von Effektstärken – von den Befunden von Huber (2020), der einen ‚reinen' Populismus-Effekt auf Basis der *British Election Study* (2016) beobachtet, der in seiner Bedeutung in Großbritannien stärker zu sein scheint als in Deutschland.

Allerdings verdient die empirische Analyse dieser Frage weitere Aufmerksamkeit. Grundsätzlich gibt es international nur wenige Datensätze, die sich für entsprechende Analysen eignen. Auch bezogen auf den hier verwendeten Datensatz lässt sich sagen, dass nicht für alle inhaltlichen Dimensionen ideale Variablen vorhanden waren. Das betrifft in besonderer Weise die Populismusdimension Anti-Pluralismus[25], den Autoritarismus und praktische Nachhaltigkeitspolitiken (z. B. Tempolimit, Lastenfahrradzuschüsse usw.). Auch konnten Szenarien, unter denen etwa bestimmte Nachhaltigkeitspolitiken Unterstützung finden könnten (z. B. sozialpolitische Ausgleichsmaßnahmen bei Einführung eines CO_2-Preises), nicht untersucht werden.

Weitere Forschung ist auch in Hinblick auf den Befund notwendig, dass die deutlichsten Zusammenhänge bezogen auf die Dimension des Nativismus zu beobachten sind. Darauf basierend wäre die These von Forchtner (2020) weiter zu prüfen, dass die Verharmlosung der Umwelt- und Klimakrise und die Ablehnung von Nachhaltigkeitspolitiken im Rechtspopulismus ein Plateau erreicht und sich im Rechtsextremismus wieder etwas abschwächt, worauf auch unsere Daten hindeuten. Phänomene wie ‚rechte Ökosiedler' u. ä. (Kapitel 3) weisen zumindest darauf hin, dass hier nicht von einer einfachen linear steigenden Verbindung ausgegangen werden kann (Humpert et al. 2021, S. 31). Auch die Befunde zum EU-Skeptizismus unterstützen bestehende Analysen zur besonderen Rolle einer Ablehnung internationaler Abkommen und Institutionen von rechtspopulistischen Akteur*innen (Schaller und Carius 2019). Der Befund, dass die Energiewende ein besonders polarisierendes Thema im Kontext aktueller Transformationskonflikte darstellt, entspricht den Beobachtungen zu Konfliktkulturen und Engagement rechtspopulistischer Akteure beispielsweise im Kontext des Ausbaus der Windenergie (Eichenauer et al. 2018; Reusswig et al. 2020; Reusswig et al. 2021).

[25] Auch wenn die Mehrheit der Daten im Jahr 2019 erhoben wurde, ist zudem bspw. das Item zur Anti-Pluralismus-Dimension älteren Datums (2017). Diese Schwachstellen könnten zukünftige Studien im Primärdesign umgehen.

Inwiefern die Positionen rechtspopulistischer politischer Akteur*innen den rechtspopulistisch assoziierten Einstellungsmustern auf Ebene der Bevölkerung gleichen oder sich unterscheiden, bleibt zu beobachten. Wie die gemeinsame Betrachtung von Kapitel 3 und 4 dieser Studie zeigt, müssen die Einstellungen entsprechender Bevölkerungsteile nicht zwangsläufig deckungsgleich mit den propagierten Haltungen (rechts-)populistischer Akteur*innen sein. Ein prägnantes Beispiel ist der Klimawandelskeptizismus: während entsprechende Einstellungen in der deutschen Bevölkerung bislang vergleichsweise gering ausgeprägt sind, ist die Leugnung der menschlichen Verantwortung am rezenten Klimawandel Bestandteil der aktuellen AfD-Programmatik.

5 Rechtspopulismus und sozial-ökologische Transformation

5.1 Zusammenfassung der Ergebnisse

Im Folgenden werden zentrale Erkenntnisse unserer Studie prägnant zusammengefasst. Verbindet sich die dünne Ideologie des Populismus (‚anständiges Volk' vs. ‚korrupter Elite') mit Nationalismus und Autoritarismus, so wird in der Literatur von Rechtspopulismus gesprochen. Kräfte, auf welche diese Charakterisierung zutrifft, haben in den vergangenen zwei Jahrzehnten, in verschiedenen Teilen der Welt zum Teil massiven Zulauf erhalten. Ein Großteil dieser rechtspopulistischen Akteur*innen ist Klimawandel-skeptisch und lehnt Klima- und Umweltschutzpolitiken weitgehend ab. Es ist jedoch wichtig, zwischen den Positionen im organisierten Rechtspopulismus und rechtspopulistischen Einstellungen in der Bevölkerung zu unterscheiden. In Deutschland leugnet beispielsweise die Partei AfD offen den Klimawandel und lehnt Klimaschutzpolitik ab. Ein Großteil der deutschen Bevölkerung ist dagegen um den Zustand der natürlichen Umwelt besorgt, und die Sorgen um die Folgen des Klimawandels haben in den vergangenen Jahren zugenommen. Dies gilt zu großen Teilen auch für populistisch eingestellte Personen. Signifikant geringere Sorgen um das Klima und die Umwelt machen sich dagegen eher nativistisch eingestellte Personen, und Klima- und Umweltschutzpolitik wird von dieser Gruppe vor allem dann abgelehnt, wenn sie mit Kosten verbunden ist.

Schaut man dagegen auf die Positionen zu den Themen Klimawandel sowie Klima- und Umweltschutz im organsierten Rechtspopulismus, so zeigt sich, dass sie ihre ablehnende Haltung vor allem populistisch und weniger nationalistisch begründen:

Klimaschutz sei ein Projekt der Eliten, das gegen den ,Volkswillen' und ,auf Kosten des Volkes' verwirklicht werde. Während also die Analyse der Einstellungen zeigt, dass eine Ablehnung entsprechender Politiken – insbesondere dann, wenn sie mit Kosten verbunden sind – vor allem mit (nationalistischen und autoritären) Einstellungen in Zusammenhang steht, begründen rechtspopulistische Kräfte ihre Ablehnung von Klima- und Umweltschutzpolitiken überwiegend populistisch. Es ist nicht davon auszugehen – auch das haben die empirischen Befunde gezeigt, dass beide Phänomen unabhängig voneinander existieren. Denn auch wenn beide Gruppe nicht identisch sind, zählen nationalistisch und populistisch eingestellte Personen auch zu den aktiven Unterstützer*innen rechtpopulistischer Kräfte (siehe hierzu auch die Gültigkeitsprüfung in Kapitel 4)

Eine mögliche Interpretation des Widerspruchs zwischen den überwiegend populistischen Argumenten zu Fragen des Klimwandels und Klimaschutzes im organisierten Rechtspopulismus und der Korrelation zwischen ,rechten' Merkmalen und Klimaschutz-aversen Einstellungen in der Bevölkerung ist, dass sich die Akteur*innen im organisierten Rechtspopulismus hauptsächlich dem populistischen Narrativ bedienen, um ihre Ablehnung auszudrücken. Dies würde darauf hindeuten, dass Populismus für rechtspopulistische Kräfte in erster Linie eine Strategie darstellt. Diese Annahme wird dadurch unterstützt, dass sich die Muster der populistischen Erzählung auch in anderen Themenfeldern – wie der Ablehnung der Maßnahmen zur Eindämmung der COVID-19-Pandemie – bei Rechtspopulist*innen zeigen.

Unsere Analyse hat ferner deutlich gemacht, dass es zwischen der wissenschaftlichen Begründung, die allgemein zum Erstarken des Rechtspopulismus angeführt wird sowie den wissenschaftlichen Erklärungen dafür, wieso Rechtspopulist*innen in der Regel Klimaschutz ablehnen, große Schnittmengen gibt. Dieser Zusammenhang spricht dafür, dass die jüngsten Positionierungen von Rechtspopulist*innen zu Fragen des Klimawandels und Umweltschutzes nicht zufällig zu einem wichtigen Thema der populistischen Rechten avanciert sind. Oder anders formuliert: Die Leugnung des anthropogenen Klimawandels sowie Ablehnung von Klima- und Umweltschutz ist zunehmend ein zentraler Bestandteil des zeitgenössischen Rechtspopulismus. Die ideologische Ausprägung des Rechtspopulismus in diesem Bereich ist eng mit seiner aktuellen Dynamik verknüpft.

Was bedeuten diese Befunde im Lichte politischer und gesellschaftlicher Klimaschutzbemühungen sowie für das Ziel einer Transformation unter dem Leitbild der ökologischen Nachhaltigkeit? Eine Studie über rechtspopulistische Parteien im Europäischen Parlament hat gezeigt, dass diese für fast die Hälfte der Stimmen gegen klimapolitische Anträge verantwortlich waren, obwohl sie momentan nur 15 Prozent der Sitze innehaben (Schaller und Carius 2019). Wenn rechtspopulistische Parteien auch in Zukunft Mandate erhalten, könnten diese (ggf. in Allianz mit anderen Parteien) klimapolitische Bestrebungen blockieren. So haben Ćetković und Hagemann den Einfluss von rechtspopulistischen Parteien auf die Energie- und Klimapolitik von 2008 bis 2018 empirisch untersucht und stellen fest:

> *„In cases where PRRPs [populist radical right parties] were involved in government during this period, that is the Netherlands (2010-2012), Denmark (2015-2016) and Norway (2013-2017), energy and climate policy ambition weakened“ (Ćetković und Hagemann 2020, S. 7).*

Auch Böhmelt (2021) hat in einer aktuellen Studie festestellt, dass eine populistische politische Führung nicht allein die Umweltpolitk, sondern auch die tatsächliche Umweltperformanz (beispielsweise gemessen in CO_2-Emissionen) signifikant schwächt.
Der Aufstieg des Rechtspopulismus stellt aber nicht allein eine Herausforderung für eine sozial-ökologische Transformation dar, sondern auch für liberale Demokratien insgesamt, und er verändert das politische Feld und die Parteienlandschaft. Diese Veränderungen und die sowohl politisch als auch wissenschaftlich diskutierten ‚Antworten‘ auf den Rechtspopulismus können nicht ausführlicher Gegentand dieser Untersuchung sein, die sich explizit auf das Verhältnis zum Klimawandel und Umweltschutz konzentriert. Einige der diesbezüglichen Positionen werden dennoch skizziert, um anschließend der Frage nachzugehen, was der erstarkte Rechtspopulismus für das politisch verfolgte Ziel einer gesellschaftlichen Transformation unter dem Leitbild der Nachhaltigkeit bedeuteten kann.

5.2 Wie mit Rechtspopulismus umgehen?

Zunächst ist festzuhalten, dass die anhaltenden Wahlerfolge darauf hindeuten, dass es sich beim Rechtspopulismus „nicht um kurzlebige Protestphänomene handelt“ (Decker und Lewandowsky 2017, o. S.). Hinzu kommt, dass sich rechtspopulistische Kräfte – wie in Kapitel 2 skizziert wurde – in nahezu allen Teilen der Welt etabliert haben und sie z. T. sogar die Regierung stellen. Beides spricht dafür, dass der Rechtspopulismus Bestandteil zeitgenössischer Modernisierungs- und Globalisierungsprozesse ist, und nicht einfach durch eine bestimmte politische Entscheidung oder ‚Gegenstrategie‘ wieder verschwindet.

Bei den Autor*innen, die über politische und gesellschaftliche ‚Antworten‘ auf den Rechtspopulismus nachdenken, scheint eine relative Einigkeit darüber zu bestehen, dass Strategien zur Bekämpfung des Neonazismus und anderer Formen des Rechtsextremismus – wie Ausgrenzung oder Verbote entsprechender Organisationen und Publikationen – nicht einfach auf das Phänomen des (Rechts-)Populismus übertragen werden können (Decker und Lewandowsky 2017; Mudde und Rovira Kaltwasser 2019, S. 161ff.). Denn dies nähre gerade die (rechts-)populistische Erzählung (‚Wir gegen das Establishment‘) und könne gleichzeitig dazu führen, „dass sich deren Sympathisanten stigmatisiert fühlten“ (Decker und Lewandlowsky 2017). Stattdessen bedürfe es einer gewissen Responsivität der politischen Eliten gegenüber den Themen und Problemlagen, die Teile der Bevölkerung mit Sorge erfüllten und die von populistischen Kräften adressiert werden (wie Einwanderung und Sicherheit), um so auf die Nachfrageseite des Populismus zu reagieren (Mudde und Rovira Kaltwasser 2019, S. 163 f.). Auch wenn diesem Argument theoretisch eine gewisse Plausibilität zukommt, scheint dieses Vorgehen in der Praxis nicht immer umsetzbar. Denn empirisch verschwimmen vielfach die Grenzen zwischen Rechtspopulismus und populistischem Rechtsextremismus – wie das Beispiel der AfD in Deutschland zeigt. Dies bedeutet, dass ein Eingehen auf die Argumente von Rechtspopulist*innen sowie die gleichberechtigte Teilnahme am öffentlichen Diskurs gleichzeitig bedeuten kann, die Grenzen des Sagbaren zu verschieben und damit auch menschenfeindliche Positionen ‚salonfähig' zu machen (Demirović 2018, S. 37).

Verschiedene Autor*innen vertreten die Position, dass es mit Blick auf die ökonomische Basis des Rechtpopulismus (siehe Ökonomiethese in Kapitel 2) gelte, die Situation der unteren Einkommensschichten in den alten Industrieländern zu verbessern und als Staat ausreichend Schutz vor den Folgen der Globalisierung zu gewährleisten (Decker und Lewandowsky 2017; Zürn 2018, S. 13). In diesem Zusammenhang wird auch eine veränderte politische Kommunikation der politischen Eliten gefordert. So dominiere heute die „Neigung, auf der internationalen Ebene vernünftige Dinge zu vereinbaren und sie dann zu Hause als alternativlos zu verkaufen" (Zürn 2018, S. 13). Statt dessen gelte es „deutlich zu machen, warum eine Politik, die die Märkte auf der europäischen und transnationalen Ebene reguliert und dazu nationale Zuständigkeiten abgibt (bzw. abzugeben bereit wäre), dennoch im nationalen Interesse ist" (Decker und Lewandowsky 2017, o. S.).

Weiter wird es als zielführend angesehen die „repräsentative Parteiendemokratie durch direktdemokratische Beteiligungsverfahren [zu] ergänzen" (ebd.). Denn damit könnten sich Populist*innen nicht mehr exklusiv dieser Forderung bemächtigen (ebd.) und die populistische Erzählung gebrochen werden, dass die Eliten Politik gegen ‚das Volk' betreiben. Mudde und Rovira Kaltwasser (2019, S. 166) schreiben schließlich der politischen Bildung eine wichtige Rolle bei der Immunisierung gegen Populismus zu.

5.3 Rechtspopulismus und sozial-ökologische Transformation: Sechs Thesen

In der Literatur, die sich mit dem Konnex von Rechtspopulismus und Aspekten des Umwelt- und Klimaschutzes auseinandersetzt, werden Fragen des Umgangs mit dem Rechtspopulismus, wenn überhaupt, skizziert. Und das obwohl dieser Frage eine zunehmende Dringlichkeit attestiert wird (siehe z. B. Quent 2019, S. 272). Im Folgenden sollen die in der Literatur identifizierten Umgangsstrategien mit dem Rechtspopulismus mit Herausforderungen einer sozial-ökologischen Transformation in Verbindung gebracht werden. Auf Basis unserer Studienergebnisse werden dazu sechs Thesen zum Umgang mit dem Rechtspopulismus im Kontext von Fragen des Klima- und Umweltschutzes bzw. von Transformationskonflikten formuliert.

These 1: In der Klima- und Umweltschutzpolitik sozialpolitische Implikationen berücksichtigen

Maßnahmen des Klima- und Umweltschutzes haben – beispielsweise über eine CO_2-Bepreisung oder Energiesteuern – häufig Verteilungswirkungen, die bestehende soziale Ungleichheiten reproduzieren und z. T. sogar verstärken. Diesen Aspekt greifen rechtspopulistische Kräfte auf, indem sie davor warnen, dass sich Klima- und Umweltschutzpolitik nur ‚auf Kosten des Volkes' machen lässt oder ‚dem kleinen Mann' schade. Diese Argumentation kann durchaus verfangen, da in niedrigen sozioökonomischen Lagen oder in Gruppen, in denen das subjektive Gerechtigkeitsempfinden gestört ist, eine geringere Umweltschutzaffinität begünstigt wird (Schad 2017) und eine anteilsmäßige Häufung rechtspopulistischer Wahlpräferenzen vorzufinden ist (Lux 2018). Auch greift eine Betrachtung der ökonomischen Lage im Ist-Zustand zu kurz, da nicht in den Blick gerät, welche Kraftanstrengungen und Entbehrungen Menschen auf sich genommen haben, um in der sozialen Hierarchie mittlere Postionen besetzen zu können, die sie nun versuchen, zu verteidigen.

Die Ökonomiethese, welche die rezenten polit-ökonomischen Wandlungsprozesse als Erklärung für den Aufstieg des Rechtspopulismus ins Zentrum rückt (siehe Kapitel 2.3), knüpft hier an. Auch in Zusammenhang mit den in der Fachliteratur diskutierten ‚Antworten' auf den Rechtspopulismus, ist die ökonomische Erklärung des Rechtspopulismus Ausgangspunkt für weiterführende Überlegungen (siehe Kapitel 5.2). Ein Ansatzpunkt in Zusammenhang mit den Fragen dieser Studie wäre daher, bei Nachhaltigkeits- und Klimaschutzpolitiken stärker zu berücksichtigen, Haushalte mit mittleren und geringeren Einkommen durch entsprechende Maßnahmen nicht zu belasten, sondern ggf. sogar zu entlasten (siehe hierzu auch z. B. Quent 2019, S. 273). Auch Schritte wie die Stärkung und Attraktivierung des Öffentlichen Personen Nahverkehrs

(ÖPNVs), der Fahrradmobilität oder Mischformen sind nicht allein aus Gesichtspunkten des Klimaschutzes sinnvoll, sondern auch geeignet, die Mobilitätschancen benachteiligter sozialer Gruppen zu erhöhen, wodurch die Abhängigkeit vom kostspieligen Motorisierten Individualverkehr (MIV) reduziert werden kann. Wenn Maßnahmen einer sozial-ökologischen Transformation Ungleichheiten reduzieren, wäre dies nicht nur bereits für sich genommen erstrebenswert (vgl. Dörre 2020), sondern es würde ihr auch Legitimität in den entlasteten Statuslagen verschaffen und rechtspopulistischen Akteur*innen Mobilisierungspotential auf diesem Feld entziehen. Auch Jacob et al. (2020, S. 309) merken an, dass Klima- und Umweltschutzpolitik „verstärkt soziale Aspekte betonen" sollte, was beispielsweise bedeutet, dass „Verteilungs- und Einkommenswirkungen minimiert werden bzw. sogar eine gerechtere Ressourcenverteilung erreicht wird". International, insbesondere im anglophonen Raum, wird in der jüngeren Vergangenheit die Bestrebung, soziale und ökologische Anliegen zu verbinden, auch unter dem Schlagwort des *Green New Deal* verstärkt diskutiert (Pettifor 2019).

Soziale Ungleichheit zu berücksichtigen, heißt aber auch regionale Verteilungswirkungen und Effekte in den Blick zu nehmen. Dies bezieht sich vor allem auf ländliche Regionen, die bereits in unterschiedlichen Dimensionen (z. B. politisch, infrastrukturell, ökonomisch) benachteiligt sind oder sich benachteiligt fühlen (vgl. Haas 2020). Insbesondere im Kontext der Energiewende zeigte sich, dass rechtspopulistische Akteur*innen diese aus Gründen der Mobilisierung als ‚Projekt urbaner Eliten' darstellen. Eine mögliche Implikation wäre, dass Transformationsanstrengungen auch in urbanen Räumen stärker erfolgen. So führen Reusswig et al. (2020, S. 155) am Beispiel der Energiewende aus, dass die Städte „sehr viel mehr für die Energiewende tun [müssen], vor allem im Solarbereich". Dies würde deutlich machen, dass die infrastrukturellen Folgen der Transformation des Energiesystems nicht allein von der ländlichen Bevölkerung getragen werden, und könnte so zu einer Entschärfung der Konflikte zwischen städtischen und ländlichen Räumen führen, die durch Rechtspopulist*innen fundamentalisiert werden.

These 2: Maßnahmen einer sozial-ökologischen Transformation können als gesellschaftlich umstrittene Projekte die Demokratie beleben

Klima- und Umweltschutzpolitik erfordert häufig auch eine Veränderung zahlreicher sozialer Praktiken in verschiedensten Lebensbereichen (Ernährung, Wohnen, Mobilität etc.). Dadurch münden gesellschaftliche Bemühungen zur Stärkung der Nachhaltigkeit laut Neckel (2020) häufig in einem „Streit um die Lebensführung". Auch Jacob et al. (2020, S. 308) sehen in der aktuelle Debatte um Klima- und Umweltschutz die Tendenz, dass sie „Lebensstile problematisiert, die für eine materialistische Werteorientierung stehen, sei es SUV fahren, Fleisch essen oder suburbane Lebensformen" und gleichzeitig „postmaterialistische Werte und Lebensstile als Voraussetzung für wirksamen und ausreichenden Umweltschutz postuliert". Damit werde „Umweltpolitik als kulturelle Auseinandersetzung gerahmt" (ebd.). Es zeichnet sich ab, dass rechtspopulistische Kräfte Bestrebungen zu konsequentem Klima- und Umweltschutz, vor allem wenn sie Veränderungen der Alltagspraktiken mit sich bringen, zu ideologischen Auseinandersetzungen um Identitätspolitik nutzen. Reusswig et al. (2020, S. 157) führen am Beispiel der Energiewende aus, dass der Populismus jedoch die notwendige demokratische Debatte und Auseinandersetzung abblockt, „weil er angeblich schon weiß, was ‚das Volk' will". Die Autor*innen sehen die Notwendigkeit, die Energiewende als politisch umkämpftes Feld darzustellen, „statt sie einer *black box* gleich vor dem Populismus einfach ‚zu verteidigen'" (2020, S. 156, Herv. i. O.). Wenn getroffene Entscheidungen und deren Alternativen nicht transparent gemacht werden, böten sie eine Angriffsfläche für das populistische „Beuteschema der Alternativlosigkeit" (Reusswig et al. 2020, S. 156). Ćetković und Hagemann (2020) haben gezeigt, dass sich eine Polarisierung der politischen Arena auch positiv auf die Umwelt- und Klimaschutzpolitik auswirken kann. Denn die Auseinandersetzungen und Konflikte sind geeignet, diesem Politikfeld einen neuen Schub zu geben, in dem ihre Befürworter*innen vehementer dafür streiten. Auf weitere Bereiche der sozial-ökologischen Transformation übertragen bedeutet dies, dass Transformationkonflikte auch für eine breit geführte politische Debatte genutzt werden können, in welcher deren vielfältige Pfade aufgezeigt und zur Disposition gestellt werden. Dies würde eine Re-Politisierung der politischen Debatten um Klimaschutz und Nachhaltigkeit bedeuten und wäre auch aus demokratietheoretischer Perspektive positiv zu bewerten.

These 3: Transformationskonflikte lassen sich durch eine Stärkung partizipativer Formate adressieren

Transformationskonflikte, die von Rechtspopulist*innen politisiert werden, weisen auf Repräsentations- und Responsivitätsdefizite seitens der etablierten Politik hin. Reusswig et al. führen dazu an:

> *„Wenn sich wachsende Teile der Bevölkerung durch die politischen Eliten oder das politische System insgesamt nicht mehr vertreten und als Dialog- und Mitwirkungspartner nicht mehr wahrgenommen sehen, dann ist Populismus eine (wahrscheinliche) Reaktionsform" (Reusswig et al. 2020, S. 155).*

Entsprechend kann rechtspopulistischer Protest als eine Art Seismograph gesehen werden, der anzeigt bei welchen Themen oder Maßnahmen sich größere Bevölkerungsgruppen nicht ausreichend gehört oder verstanden fühlen. Rechtspopulistische Diskurse können daher auch auf Beteiligungs- und Repräsentationsdefizite verweisen. Dies kann Entscheidungsträger*innen in Politik und Verwaltung als Anlass dienen, um über adäquate Repräsentations- und Beteiligungsformate nachzudenken. So wurde bereits in der Agenda 21 der Vereinten Nationen festgehalten, dass die umfassende Beteiligung der Öffentlichkeit eine Grundvoraussetzung für eine nachhaltige Entwicklung sei (Bundesministerium für Umwelt, Naturschutz und Reaktorsicherheit 1994). Im Kontext einer nachhaltigen Entwicklung ergibt sich, nach Newig et al. (2011), die Bedeutsamkeit von Bürger*innenbeteiligung vor allem aus drei Kerndiskursen: Der Emanzipation, Legitimität und Effektivität (ebd., S. 29). Insbesondere auf lokaler Ebene können Partizipationsformate helfen Repräsentationslücken zu schließen und dem rechtspopulistischen Vorwurf, dass beispielsweise die Energiewende ein undemokratisches, urbanes Elitenprojekt sei, etwas entgegensetzen.[26] In Frankreich wurden beispielsweise, als Reaktion auf die sogenannten Gelbwesten-Bewegung, die sich u. a. anlässlich der Einführung einer CO_2-Steuer auf Benzin formierte, Klima-Bürger*innenräte ins Leben gerufen. Durch die Einbindung der Bevölkerung in klimapolitische Entscheidungen sollten entsprechende Projekte mehr Legitmität erhalten und der soziale Frieden gewahrt bleiben. 150 ausgeloste Bürger*innen diskutierten im sogenannten Bürger*innenrat wie Treibhausgasemissionen reduziert werden könnten und legten dem Parlament anschließend ihre Vorschläge vor.

Eine zivilgesellschaftliche Initiative ist auch in Deutschland im Frühjahr 2021 eingerichtet worden, der Bürgerrat Klima, der – beraten durch Expert*innen – sehr ambitionierte Vorschläge im Bereich des Klimaschutzes vorlegte (Bürgerrat Klima 2021).

Grundsätzlich kann es im Kontext der sozial-ökologischen Transformation ein wichtiges Instrument sein, neue Partizipationsformate auszuprobieren, wie sie in Deutschland bereits in der Lausitz praktiziert werden (Haas 2020, S. 168). Beispiele dafür sind auf Landesebene die Einrichtung eines „Mitmachfonds“, welcher Initiativen von Bürger*innen fördert, und auf kommunaler Ebene partizipative Projekte zur Dorfentwicklung oder der Entwicklung sozialer Räume unterstützt (Haas 2020, S. 164). Repräsentationsdefizite, die in Transformationskonflikten sichtbar werden, können also nicht nur über eine Inklusion verschiedener Perspektiven in den demokratischen Diskurs überwunden werden (These 2), sondern auch mit Hilfe von Partizipationsformaten. Entsprechend ist die Transformations- und Nachhaltigkeitsforschung schon seit längerer Zeit transdisziplinär organisiert. Darunter wird verstanden, dass nicht-wissenschaftliche Akteur*innen zusammen mit Wissenschaftler*innen an gesellschaftlichen Nachhaltigkeitslösungen arbeiten.

Neben der Ausweitung politischer Partizipationschancen besteht auch die Möglichkeit, Bürger*innen finanziell an Transformationsprojekten zu beteiligen. Im Bereich der Energiewende ist dies

[26] Mehr Partizipation bedeutet aber selbstverständlich nicht automatisch mehr Klimschutz und Nachhaltigkeit. Es besteht auch die Möglichkeit, dass Partizipationsprojekte im Bereich der Klima- und Umweltpolitik in die entgegengesetzte Richtung wirken (Newig et al. 2011).

beispielsweise durch die Einspeisevergütung erfolgt und hat dazu geführt, dass auch *unlikely environmentalists* – wie Landwirt*innen – sich beim Ausbau der erneuerbaren Energien engagierten.

These 4: Eine parteipolitische Ausgestaltung von Klima- und Umweltschutz hilft, rechtspopulistische Erzählungen zu untergraben

In verschiedenen Politikfeldern gerieren sich rechtspopulistische Akteur*innen häufig als einzige Alternative zum ‚politischen Mainstream'. Dies gilt neben der Europa- und Migrationspolitik zumeist auch für die Klima- um Umweltschutzpolitik (Schaller und Carius 2019). „Alle anderen sind grün" plakatierte die AfD im Bundestagswahlkampf 2021. Giddens (2019, S. 71) erachtet aufgrund der Langfristigkeit und der Dimension der Aufgabe einen parteiübergreifenden Konsens als Voraussetzung für erfolgreichen Klimaschutz. Dies ist aber ein schmaler Grat, da ein Klimakonsens ‚jenseits von Rechts und Links', auch die populistische Erzählung, einzige Alternative zu sein, nährt und tendenziell zur Entpolitisierung des Klimadiskurses beiträgt (Beck et al. 2014). Jacob et al. schlagen in diesem Kontext daher vor, dass „ein Parteien-Wettbewerb zwischen den unterschiedlichen Konzepten von Umweltpolitik sinnvoll sein [könnte]", der die politischen Unterschiede deutlich erkennbar werden lässt. Sie konstatieren:

> *„Wenn die Entwicklung einer dezidierten Gegenposition als* GRÜNE UMWELTPOLITIK, *die Betonung sozialer Aspekte als* SOZIALDEMOKRATISCHE UMWELTPOLITIK *und die Integration von kompatiblen Positionen als eine* KONSERVATIVE UMWELTPOLITIK *profiliert wird, könnte eine Repolitisierung von Umweltpolitik unterstützt werden. Dies würde dem Vorwurf eines angeblich uniformen Establishments vorbeugen" (Jacob et al. 2020, S. 309).*

Für die Parteien würde dies folglich bedeuten, ihre Klima- und Umweltschutz-Agenda entsprechend ihrer ideologischen Grundorientierung zu rahmen, um dadurch unterschiedliche Wähler*innen ansprechen zu können.

These 5: Politische Bildung: Grenzen erkennen und Potenziale nutzen

Sowohl zu den Themen der Nachhaltigkeit und des Klimaschutzes als auch zum Themenkomplex Demokratie und Bekämpfung des Rechtsextremismus gibt es seit mehreren Jahrzehnten umfangreiche Bildungsprogramme auf verschiedenen Ebenen der Gesellschaft und Politik. Zugleich ist bekannt, dass im Bereich des Klimaschutzes weniger ein Wissens- und Informationsdefizit als vielmehr ein Handlungsdefizit besteht (Sommer und Schad 2014). In der Fachliteratur wird dieser Sachverhalt auch unter den Schlagworten *mind-behaviour gap*, *knowledge-action gap* oder *value-action gap* diskutiert (siehe WBGU 2011, S. 81ff.). Auch die vielfältigen Bildungsinitiativen gegen Rassismus und Rechtsextremismus und für Demokratie haben bislang nicht dazu geführt, dass diese Phänomene aus modernen Gegenwartsgesellschaften verschwunden wären. Dies zur Kenntnis zu nehmen, soll jedoch nicht die Bedeutung und den Wert von entsprechenden Bildungsinitiativen in Frage stellen. Vielmehr geht es darum, sich darüber klar zu werden, dass die Wirkung von Bildungsprogrammen auf derartig tief verankerte gesellschaftliche Probleme begrenzt ist und notwendigerweise auch nur begrenzt wirken kann. Gleichzeitig kommt politischer Bildung und Aufklärung auch im hier diskutierten Themenkomplex eine wichtige Rolle zu.

So haben sich verschiedene wissenschaftliche und zivilgesellschaftliche Initiativen in den vergangenen Jahren um die Dekonstruktion von Klimamythen aus dem Bereich des Rechtspopulismus und der organisierten Szene der Klimwandel-Leugner*innen verdient gemacht. Ein Beispiel aus dem deutschsprachigen Raum ist die der Blog Klimalounge, der maßgeblich vom Potsdamer Klimawissenschaftler Stefan Rahmstorf betrieben wird.[27] Hier werden nicht nur die neuesten wissenschaftlichen Befunde zum Klimawandel allgemeinverständlich für ein breites Publikum erklärt, sondern auch Positionen der AfD zum Klimawandel mit dem wissenschaftlichen Wissen abgeglichen. International spielt das Online-Angebot von Sceptical Science eine ähnliche

[27] Der Blog findet sich unter https://scilogs.spektrum.de/klimalounge/ (abgerufen 10.12.2021)

Rolle.[28] Solche Informationsangebote können dazu beitragen, für den Laien plausible Behauptungen – wie Positionen aus dem AfD-Programm für die Bundestagswahl 2021 – als Ideologie zu entlarven. Dies setzt aber voraus, dass bei den Rezipient*innen auch ein tatsächliches Interesse daran besteht, den Sachverhalt zu ergründen, wissenschaftliches Wissen anerkannt wird und die zeitlichen Ressourcen dafür vorhanden sind. So haben die gesellschaftlichen Diskussionen um die Eindämmung der Corona-Pandemie sehr eindrücklich vor Augen geführt, dass Aufklärung und Vermittlung Grenzen haben, sprich, nicht alle Menschen durch wissenschaftliche Befunde erreicht werden.

These 6: Positive Zukunftsperspektiven skizzieren

Wie in Kapitel 3 deutlich wurde, ist eine Erklärung für die rechtspopulistischen Positionen zu Klima- und Umweltschutz die, dass sie damit ein Angebot für Transformationsverlierer*innen schaffen. Eine Studie von Bechtel et al. (2017) zeigt, dass die Akzeptanz von Klimaschutzpolitiken bei Arbeiter*innen in emissionsintensiven Sektoren geringer ist. Folglich wäre es wichtig, dass politische Akteur*innen, Menschen, die von einem ökologischen Strukturwandel betroffen sind bzw. sein werden (wie beispielsweise Arbeiter*innen in der fossilen Industrie) eine Perspektive aufzeigen und ansprechende politische Angebote schaffen. So ist es auch nach Quent (2019) notwendig, der rechtspopulistischen Vergangenheits- und Status quo-Orientierung eine positive Erzählung entgegenzusetzen. Hierfür lässt sich auch auf die Beispiele eines gelungenen Strukturwandels hinweisen oder auch auf die Chancen, die sich beispielsweise durch die Energiewende für ehemals strukturschwache Regionen ergeben. Für die Regionen, in denen zeitnah der Braunkohletagebau beendet wird (wie der Lausitz), versuchen politische Entscheidungsträger*innen, geförderte Kompensationsangebote (wie die geförderte Ansiedlung neuer Industrien) zu machen.

Die Frage nach Zukunftsperspektiven geht weit über die konkreten Angebote für potenzielle Transformationsverlierer*innen

[28] Das Angebot findet sich unter https://skepticalscience.com/ (abgerufen 10.12.2021).

hinaus. Um regressiven Bildern und den Kontroll- und Sicherheitsversprechungen des Rechtspopulismus etwas entgegen setzen zu können, gelte es nach Ansicht verschiedener Autor*innen auch, die derzeitige Visionslosigkeit, die Erschöpftheit der Utopien (Heitmeyer et al. 2020, S. 191f; Welzer 2019) zu überwinden. Stattdessen braucht es, nach Quent (2019), einen positiven Blick in die Zukunft und ein Verständnis dafür, dass Wandel nicht nur Bedrohung, sondern auch Gewinn sein kann. Denn „[j]e mehr positive Visionen wir unter der Beteiligung möglichst vieler für die Zukunft entwickeln, desto weniger Platz bleibt für rückwärtsgewandte Mystifizierung“ (Quent 2019, S. 268). Und auch unabhängig von der Herausforderung durch den Rechtspopulismus erscheint dies für das Gelingen einer sozial-ökologischen Transformation essentiell. Denn in menschlichen Gesellschaften hängt die Zukunft nicht unwesentlichen davon ab, wie ihre Akteur*innen diese entwerfen (Wright 2010). Es wird sogar argumentiert, dass eine sozial-ökologische Transformation das Potential besitzt, dem Aufstieg des Rechtspopulismus den Wind aus den Segeln zu nehmen, wenn demokratisch und transparent um sie gerungen wird (Dörre 2020, S. 322). Mit anderen Worten, Klimaschutz und Transformationspolitik stärken nicht zwangsläufig den Rechtspopulismus. Abhängig von der konkreten Ausgestaltung besteht sogar die Möglichkeit, dass im Zuge einer sozial-ökologischen Transformation unter dem Leitbild der Nachhaltigkeit, dem Rechtspopulismus der gesellschaftliche ‚Nährboden' entzogen wird.

Literatur

Adorno, T. W. 2018. *Studien zum autoritären Charakter.* 11. Auflage. suhrkamp taschenbuch wissenschaft 1182. Frankfurt am Main: Suhrkamp.

AfD (Alternative für Deutschland). 2017. Programm für Deutschland: Wahlprogramm der Alternative für Deutschland für die Wahl zum Deutschen Bundestag am 24. September 2017.

AfD (Alternative für Deutschland). 2019. Europawahlprogramm: Programm der Alternative für Deutschland für die Wahl zum 9. Europäischen Parlament 2019.

AfD (Alternative für Deutschland). 2021. Programm für Deutschland: Wahlprogramm der Alternative für Deutschland für die Wahl zum Deutschen Bundestag am 26. September 2021.

Akkerman, A., C. Mudde, A. S. Zaslove. 2014. How Populist are the People? Measuring Populist Attitudes in Voters. *Comparative Political Studies* 47/9: 1324–1353.

Anderson, M. 2012. *New Ecological Paradigm (NEP) Scale.* Berkshire.

Backhaus, K., B. Erichson, W. Plinke, R. Weiber. 2018. *Multivariate Analysemethoden: Eine anwendungsorientierte Einführung.* 15., vollständig überarbeitete Auflage. Berlin: Springer Gabler.

Baumann, Z. 2005. *Moderne und Ambivalenz: Das Ende der Eindeutigkeit.* Hamburg: Hamburger Edition.

Bechtel, M. M., F. Genovese, K. F. Scheve. 2017. Interests, Norms and Support for the Provision of Global Public Goods: The Case of Climate Co-operation. *British Journal of Political Science* 49/4: 1333–1355.

Beck, S., S. Böschen, C. Kropp, M. Voss. 2014. Aus dem Schatten der Klimamodellierung – Zur Repolitisierung des Klimawandels durch Sozialwissenschaften. In: *Klima von unten: Regionale Governance und gesellschaftlicher Wandel.* Herausgegeben von S. Böschen, B. Gill, C. Kropp, K. Vogel. Frankfurt am Main: Campus. 35–54.

Beiser-McGrath, L. F., R. A. Huber. 2018. Assessing the relative importance of psychological and demographic factors for predicting climate and environmental attitudes. *Climatic Change* 149/3-4: 335–347.

Benegal, S. D. 2018. The impact of unemployment and economic risk perceptions on attitudes towards anthropogenic climate change. *Journal of Environmental Studies and Sciences* 8/3: 300–311.

Bernhard, L., R. Hänggli. 2018. Who holds Populist Attitudes? Evidence from Switzerland. *Swiss Political Science Review* 24/4: 510–524.

Best, H., K. Salomo. 2014. *Güte und Reichweite der Messung des Rechtsextremismus im Thüringen-Monitor 2000 bis 2014: Expertise für die Thüringer Staatskanzlei.* Erfurt.

Bieling, H.-J. 2017. Aufstieg des Rechtspopulismus im heutigen Europa - Umrisse einer gesellschaftstheoretischen Erklärung. *WSI-Mitteilungen* 70/8: 557–565.

Bischoff, J., B. Müller. 2016. Rechtspopulismus in der „Berliner Republik" und Europa - Ursachen und Hintergründe. In: *Neue soziale Bewegung von rechts? Zukunftsängste, Abstieg der Mitte, Ressentiments.* Herausgegeben von A. Häusler, F. Virchow. Eine Flugschrift. Hamburg: VSA. 19–31.

Biskamp, F. 2019. Ökonomie ist kulturell, Kultur ist ökonomisch. *PROKLA. Zeitschrift für kritische Sozialwissenschaft* 49/196: 463–476.

Blasius, J., N. Baur. 2014. Multivariate Datenanalyse. In: *Handbuch Methoden der empirischen Sozialforschung*. Herausgegeben von N. Baur, J. Blasius. Handbuch. Wiesbaden: Springer VS. 997–1016.

Blühdorn, I. 2018. Nicht-Nachhaltigkeit auf der Suche nach einer politischen Form. Konturen der demokratischen Postwachstumsgesellschaft. *Berliner Journal für Soziologie* 28/1-2: 151–180.

Blühdorn, I. 2020. Kein gutes Leben für Alle! Annäherung an einen Paradigmenwechsel. In: *Nachhaltige Nicht-Nachhaltigkeit: Warum die ökologische Transformation der Gesellschaft nicht stattfindet.* Herausgegeben von I. Blühdorn, F. Butzlaff, M. Deflorian, D. Hausknost, M. Mock. 2., aktualisierte Auflage. Texte zu Kultur und Gesellschaft. Bielefeld: Transcript. 47-82.

Böhmelt, T. 2021. Populism and Environmental Performance. *Global Environmental Politics* 21, 3: 97–123.

Boulianne, S., K. Koc-Michalska, B. Bimber. 2020. Right-wing populism, social media and echo chambers in Western democracies. *New Media & Society* 22/4: 683–699.

Brand, U., M. Wissen. 2017. *Imperiale Lebensweise: Zur Ausbeutung von Mensch und Natur in Zeiten des globalen Kapitalismus.* München: Oekom.

BUKO. 2020. *„Rinks und Lechts kann man nicht velwechsern“? Rechte und linke Positionen zu Ökologie - eine Handreichung für linke Aktivist*innen.*

Bundesministerium für Umwelt, Naturschutz und Reaktorsicherheit. 1994. Agenda 21. Bonn.

Bürgerrat Klima. 2021. https://buergerrat-klima.de/ (abgerufen 16.9.2021).

Burzan, N. 2015. *Quantitative Methoden kompakt.* Konstanz: UVK.

Butterwegge, C., G. Hentges, G. Wiegel. 2018. *Rechtspopulisten im Parlament: Polemik, Agitation und Propaganda der AfD.* Frankfurt am Main: Westend Verlag.

Butzlaff, F. 2020. Transformation durch Demokratisierung? Wertewandel und neue Konfliktlinien. In: *Nachhaltige Nicht-Nachhaltigkeit: Warum die ökologische Transformation der Gesellschaft nicht stattfindet.* Herausgegeben von I. Blühdorn, F. Butzlaff, M. Deflorian, D. Hausknost, M. Mock. 2., aktualisierte Auflage. Texte zu Kultur und Gesellschaft. Bielefeld: Transcript. 273–302.

Buzogány, A., C. Mohamad-Klotzbach. 2021. Populism and nature—the nature of populism: New perspectives on the relationship between populism, climate change, and nature protection. *Zeitschrift für Vergleichende Politikwissenschaft* 15/2: 155–164.

Buzogány, A., C. Mohamad-Klotzbach. 2022. Environmental Populism. In: *The Palgrave Handbook of Populism.* Herausgegeben von M. Oswald. 1st ed. 2022. Springer eBook Collection. Cham: Springer International Publishing; Imprint Palgrave Macmillan. 321–340.

Castanho Silva, B., S. Jungkunz, M. Helbling, L. Littvay. 2020. An empirical comparison of seven populist attitudes scales. *Political Research Quarterly* 73/2: 409–424.

Ćetković, S., C. Hagemann. 2020. Changing climate for populists? Examining the influence of radical-right political parties on low-carbon energy transitions in Western Europe. *Energy Research & Social Science* 66: 1–9.

Clements, B. 2012. Exploring public opinion on the issue of climate change in Britain. *British Politics* 7/2: 183–202.

Cohen, J. 1988. *Statistical Power Analysis for the Behavioral Sciences.* 2 Auflage. New York: Lawrence Erlbaum Associates.

Crouch, C. 2017. *Postdemokratie.* 13., deutsche Erstausgabe. Frankfurt am Main: Suhrkamp.

Daggett, C. 2018. Petro-masculinity: Fossil Fuels and Authoritarian Desire. *Millennium: Journal of International Studies* 47/1: 25–44.

Dahrendorf, R. 2003: Acht Anmerkungen zum Populismus. *Transit. Europäische Revue* 25: 156–163.

de Haan, G., U. Kuckartz. 1996. *Umweltbewußtsein: Denken und Handeln in Umweltkrisen*. Opladen: Westdeutscher Verlag.

Decker, F. 2015. Rechtspopulismus. In: *Kleines Lexikon der Politik.* Herausgegeben von D. Nohlen, F. Grotz. München: Beck. 535–538.

Decker, F. 2018. Was ist Rechtspopulismus? *Politische Vierteljahresschrift* 59/2: 353–369.

Decker, F. 2019. Ambivalenzen des Populismus – wie soll eine offene Gesellschaft mit ihren Kritikern umgehen? *Neue Zürcher Zeitung*. https://www.nzz.ch/meinung/ambivalenter-populismus-die-offene-gesellschaft-und-ihre-kritiker-ld.1514905 (abgerufen 16.9.2021).

Decker, F. 2020. Populismus als neue Form des Protests? In: *Polizei und Protest in der Bundesrepublik Deutschland.* Herausgegeben von S. Mecking. Wiesbaden: Springer VS. 57–69.

Decker, F., M. Lewandowsky. 2017. Rechtspopulismus: Erscheinungsformen, Ursachen und Gegenstrategien. https://www.bpb.de/politik/extremismus/rechtspopulismus/

240089/rechtspopulismus-erscheinungsformen-ursachen-und-gegenstrategien (abgerufen 29.06.2020).

Decker, O., J. Kiess, E. Brähler, J. Baldauf (Hrsg.). 2015. *Rechtsextremismus der Mitte und sekundärer Autoritarismus*. Gießen: Psychosozial.

Decker, O., A. Yendell, E. Brähler. 2018b. Anerkennung und autoritäre Staatlichkeit. In: *Flucht ins Autoritäre: Rechtsextreme Dynamiken in der Mitte der Gesellschaft: Die Leipziger Autoritarismus-Studie 2018.* Herausgegeben von O. Decker, E. Brähler. Originalausgabe. Forschung Psychosozial. Gießen: Psychosozial. 157–178.

Decker, O. 2018. Flucht ins Autoritäre. In: *Flucht ins Autoritäre: Rechtsextreme Dynamiken in der Mitte der Gesellschaft: Die Leipziger Autoritarismus-Studie 2018.* Herausgegeben von O. Decker, E. Brähler. Originalausgabe. Forschung Psychosozial. Gießen: Psychosozial. 15–64.

Decker, O., E. Brähler (Hrsg.). 2018. *Flucht ins Autoritäre: Rechtsextreme Dynamiken in der Mitte der Gesellschaft: Die Leipziger Autoritarismus-Studie 2018.* Originalausgabe. Forschung Psychosozial. Gießen: Psychosozial.

Decker, O., J. Kiess, J. Schuler, B. Handke, E. Brähler. 2018a. Die Leipziger Autoritarismus-Studie 2018: Methode, Ergebnisse und Langzeitverlauf. In: *Flucht ins Autoritäre: Rechtsextreme Dynamiken in der Mitte der Gesellschaft: Die Leipziger Autoritarismus-Studie 2018.* Herausgegeben von O. Decker, E. Brähler. Originalausgabe. Forschung Psychosozial. Gießen: Psychosozial. 65–116.

Demirović, A. 2018. Autoritärer Populismus als neoliberale Krisenbewältigungsstrategie. *PROKLA. Zeitschrift für kritische Sozialwissenschaft* 48/190: 27–42.

Diaz-Bone, R. 2013. *Statistik für Soziologen.* 2. Auflage. UTB Sozialwissenschaften. München: Universitätsverlag Konstanz.

Dörre, K. 2020. *In der Warteschlange: Arbeiter*innen und die radikale Rechte*. Münster: Westfälisches Dampfboot.

Dunlap, R. E., K. D. van Liere, A. G. Mertig, R. E. Jones. 2000. Measuring Endorsement of the New Ecological Paradigm: A Revised NEP Scale. *Journal of Social Issues* 56/3: 425–442.

Dunlap, R. E., A. M. McCright, J. H. Yarosh. 2016. The Political Divide on Climate Change: Partisan Polarization Widens in the U.S. *Environment: Science and Policy for Sustainable Development* 58/5: 4–23.

Eichenauer, E., F. Reusswig, L. Meyer-Ohlendorf, W. Lass. 2018. Bürgerinitiativen gegen Windkraftanlagen und der Aufschwung rechtspopulistischer Bewegungen. In: *Bausteine der Energiewende*. Herausgegeben von O. Kühne, F. Weber. Wiesbaden: Springer. 633–651.

Elchardus, M., B. Spruyt. 2016. Populism, Persistent Republicanism and Declinism: An Empirical Analysis of Populism as a Thin Ideology. *Government and Opposition* 51/1: 111–133.

Eversberg, D. 2018. Innerimperiale Kämpfe: Drei Thesen zum Verhältnis zwischen autoritärem Nationalismus und imperialer Lebensweise. *PROKLA. Zeitschrift für kritische Sozialwissenschaft* 48/190: 43–54.

Eversberg, D. 2020. *Bioökonomie als Einsatz polarisierter sozialer Konflikte? Zur Verteilung sozial-ökologischer Mentalitäten in der deutschen Bevölkerung 2018 und möglichen Unterstützungs- und Widerstandspotentialen gegenüber bio-basierten Transformationen.* Jena: Working Paper Nr. 1, Mentalitäten im Fluss (flumen), Friedrich-Schiller-Universität Jena.

Fachstelle Radikalisierungsprävention und Engagement im Naturschutz. 2019. *Wenn Rechtsextreme von Naturschutz reden – Argumente und Mythen: Ein Leitfaden.* Berlin.

Farstad, F. M. 2018. What explains variation in parties' climate change salience? *Party Politics* 24/6: 698–707.

Feustel, R., Bescherer, P. 2018: Der doppelte Populismus. Konturen eines schwierigen Begriffs. *Berliner Debatte Initial* 29/2: 133–144.

Forchtner, B. 2019. Climate change and the far right. *Wiley Interdisciplinary Reviews: Climate Change* 10/5: e604.

Forchtner, B. (Hrsg.). 2020. *The far right and the environment: Politics, discourse and communication*. London: Routledge.

Forchtner, B., C. Kølvraa. 2015. The Nature of Nationalism: Populist Radical Right Parties on Countryside and Climate. *Nature and Culture* 10/2: 199–224.

Forchtner, B., A. Kroneder, D. Wetzel. 2018. Being Skeptical? Exploring Far-Right Climate-Change Communication in Germany. *Environmental Communication* 12/5: 589–604.

Forchtner, B., Ö. Özvatan. 2020. Beyond the 'German forest': Environmental communication by the far right in Germany. In: *The far right and the environment: Politics, discourse and communication.* Herausgegeben von B. Forchtner. Routledge studies in fascism and the far right. London: Routledge.

Franz, C., M. Fratzscher, A. Kritikos. 2019. *Grüne und AfD als neue Gegenpole der gesellschaftlichen Spaltung in Deutschland.* Berlin: DIW Wochenbericht

Fraune, C., M. Knodt. 2018. Sustainable energy transformations in an age of populism, post-truth politics, and local resistance. *Energy Research & Social Science* 43: 1–7.

Fraser, N. 2017. Vom Regen des progressiven Neoliberalismus in die Traufe des reaktionären Populismus. In: *Die große Regression: Eine internationale Debatte über die geistige Situation der Zeit.* Herausgegeben von H. Geiselberger. Berlin: Suhrkamp. 77–91.

Freeden, M. 2003. *Ideology.* Oxford: Oxford University Press.

Frindte, W., I. Frindte. 2020. Faktisches und Fake News zum Klimawandel. In: *Halt in haltlosen Zeiten.* Herausgegeben von W. Frindte, I. Frindte. Wiesbaden: Springer. 91–95.

Gemenis, K., A. Katsanidou, S. Vasilopoulou. 2012. *The politics of anti-environmentalism: positional issue framing by the European radical right.* MPSA Annual Conference. 12–15.

GESIS. 2021. Ein probabilistisches Mixed-Mode Access Panel für die Sozialwissenschaften. https://www.gesis.org/gesis-panel/gesis-panel-home (abgerufen 16.09.2021).

Geyer, S. 2014. Virtuelle Kreuzritter. https://www.bpb.de/politik/extremismus/rechtsextremismus/180751/virtuelle-kreuzritter (abgerufen 16.09.2021).

Giebler, H., S. Regel. 2017. *Wer wählt rechtspopulistisch? Geografische und individuelle Erklärungsfaktoren bei sieben Landtagswahlen.* Bonn: WISO Diskurs, Friedrich-Ebert-Stiftung.

Giebler, H., M. Hirsch, B. Schürmann, N. Stoll, S. Veit. 2019. Nicht ich, sondern wir! Gruppenbezogene Unzufriedenheit als zentrales Bindeglied zwischen populistischen Einstellungen und Wahlpotential für die AfD. In: *Smarte Spalter: Die AfD zwischen Bewegung und Parlament.* Herausgegeben von W. Schroeder, B. Weßels. Bonn: J. H. W. Dietz Nachf. 81–104.

Götze, S. 2019. Heimat, Boden & Natur: Warum die AfD für den Tierschutz, aber gegen die Energiewende ist. In: *Die AfD – psychologisch betrachtet.* Herausgegeben von E. Walther, S. D. Isemann. Wiesbaden: Springer. 81–103.

Götze, S., A. Joeres. 2020. *Die Klimaschmutzlobby: Wie Politiker und Wirtschaftslenker die Zukunft unseres Planeten verkaufen.* München: Piper.

Götze, S., S. Kirchner. 2016. *Die Umweltpolitik der Alternative für Deutschland (AfD): Eine politische Analyse.* Berlin: Heinrich-Böll-Stiftung.

Haas, T. 2020. Die Lausitz im Strukturwandel: Der Kohleausstieg im Spannungsfeld zwischen autoritärem Populismus und progressiver Erneuerung. *PROKLA. Zeitschrift für kritische Sozialwissenschaft* 50/198: 151–169.

Häkkinen, K., N. Akrami. 2014. Ideology and climate change denial. *Personality and Individual Differences* 70: 62–65.

Hall, S. 2014. Popular-demokratischer oder autoritärer Populismus. In: *Populismus, Hegemonie, Globalisierung: Ausgewählte Schriften 5.* Herausgegeben von V. Rego Diaz, J. Koivisto, I. Lauggas. Hamburg: Argument. 101–120.

Hambauer, V., A. Mays. 2018. Wer wählt die AfD? – Ein Vergleich der Sozialstruktur, politischen Einstellungen und Einstellungen zu Flüchtlingen zwischen AfD-WählerInnen und der WählerInnen der anderen Parteien. *Zeitschrift für Vergleichende Politikwissenschaft* 12/1: 133–154.

Hameleers, M., C. H. de Vreese. 2020. To whom are "the people" opposed? Conceptualizing and measuring citizens' populist attitudes as a multidimensional construct. *Journal of Elections, Public Opinion and Parties* 30/2: 255–274.

Hauwaert, S. M. v., C. H. Schimpf, F. Azevedo. 2020. The measurement of populist attitudes: Testing cross-national scales using item response theory. *Politics* 40/1: 3–21.

Häusler, A. 2016. Die AfD - eine rechtspopulistische „Bewegungspartei“? In: *Neue soziale Bewegung von rechts? Zukunftsängste, Abstieg der Mitte, Ressentiments.* Herausgegeben von A. Häusler, F. Virchow. Eine Flugschrift. Hamburg: VSA. 42–51.

Häusler, A., F. Virchow. 2016a. Einleitung: Formierung einer neuen rechten Bewegung. In: *Neue soziale Bewegung von rechts? Zukunftsängste, Abstieg der Mitte, Ressentiments.* Herausgegeben von A. Häusler, F. Virchow. Eine Flugschrift. Hamburg: VSA. 7–9.

Häusler, A., F. Virchow (Hrsg.). 2016b. *Neue soziale Bewegung von rechts? Zukunftsängste, Abstieg der Mitte, Ressentiments.* Eine Flugschrift. Hamburg: VSA.

Hawkins, K. A., S. Riding, C. Mudde. 2012. *Measuring Populist Attitudes.* Mexico City: C&M Working Paper.

Heitmeyer, W. 2018a. *Signaturen der Bedrohung.* Originalausgabe. Edition Suhrkamp 2717. Berlin: Suhrkamp.

Heitmeyer, W. 2018b. Autoritärer Nationalradikalismus: Ein neuer politischer Erfolgstypus zwischen konservativem Rechtspopulismus und gewaltförmigem Rechtsextremismus. In: *Arbeiterbewegung von rechts? Ungleichheit – Verteilungskämpfe – populistische Revolte.* Herausgegeben von K. Becker, K. Dörre, P. Reif-Spirek. Frankfurt, New York: Campus. 118–134.

Heitmeyer, W., M. Freiheit, P. Sitzer. 2020. *Rechte Bedrohungsallianzen.* Berlin: Suhrkamp.

Hendricks, V. F., M. Vestergaard. 2019. *Reality Lost.* Cham: Springer International Publishing.

Hentges, G. 2018. Die populistische Lücke: Flucht, Migration und Neue Rechte. In: *Arbeiterbewegung von rechts? Ungleichheit – Verteilungskämpfe - populistische Revolte.* Herausgegeben von K. Becker, K. Dörre, P. Reif-Spirek. Frankfurt, New York: Campus. 101–115.

Hess, D. J., M. Renner. 2019. Conservative political parties and energy transitions in Europe: Opposition to climate mitigation policies. *Renewable and Sustainable Energy Reviews* 104: 419–428.

Hilmer, R., B. Kohlrausch, R. Müller-Hilmer, J. Gagné. 2017. *Einstellung und soziale Lebenslage: Eine Spurensuche nach*

Gründen für rechtspopulistische Orientierung, auch unter Gewerkschaftsmitgliedern. Düsseldorf: Working Paper, Hans Böckler Stiftung.

Hochschild, A. R. 2018. *Strangers in their own land: Anger and mourning on the American right.* Current affairs & politics. New York: The New Press.

Holscher, M., Segger, M. 2017: Volksparteien laufen Wähler weg – AfD und FDP profitieren. https://www.spiegel.de/politik/deutschland/wahlergebnisse-volksparteien-laufen-waehler-weg-afd-und-fdp-profitieren-a-1169611.html (20.12.2021).

Huber, J. 2001. *Allgemeine Umweltsoziologie.* Wiesbaden: Westdeutscher.

Huber, R. A. 2020. The role of populist attitudes in explaining climate change skepticism and support for environmental protection. *Environmental Politics* 29/6: 959–982.

Huber, R. A., L. Fesenfeld, T. Bernauer. 2020. Political populism, responsiveness, and public support for climate mitigation. *Climate Policy* 20/3: 373–386.

Humpert, F., P. Kadelke, C. Möstl, M. Schad, B. Sommer. 2021. Auf Kosten des Volkes. Rechtspopulisitsche Positionen zu Klima und Umwelt. https://www.uni-flensburg.de/fileadmin/content/zentren/nec/dokumente/projekte/210625-aufkostendesvolkes-komplett-ansichtsdatei-doppelseiten.pdf (abgerufen 01.10.2021).

Hüther, M., M. Diermeier. 2019. Perception and Reality – Economic Inequality as a Driver of Populism? *Analyse & Kritik* 41/2: 337–358.

Inglehart, R. F., P. Norris. 2016. *Trump, Brexit, and the Rise of Populism: Economic Have-Nots and Cultural Backlash.* Cambridge, MA: Working Paper, Harvard Kennedy School.

Inglehart, R. 2018. *Cultural evolution: People's motivations are changing, and reshaping the world.* Cambridge: Cambridge University.

Intergovernmental Panel on Climate Change (IPCC). *Climate Change 2021: The Physical Science Basis. Contribution of Working Group I to the Sixth Assessment Report of the Inter-*

governmental Panel on Climate Change. Cambridge: Cambridge University Press.

Jacob, K., S. Schaller, A. Carius. 2020. Populismus und Klimapolitik in Europa. In: *Die Europawahl 2019: Ringen um die Zukunft Europas*. Herausgegeben von M. Kaeding, M. Müller, J. Schmälter. Wiesbaden: Springer. 301–314.

Jörke, D., V. Selk. 2020. *Theorien des Populismus zur Einführung*. 2., überarbeitete Auflage. Zur Einführung. Hamburg: Junius.

Jylhä, K. M., K. Hellmer. 2020. Right-Wing Populism and Climate Change Denial: The Roles of Exclusionary and Anti-Egalitarian Preferences, Conservative Ideology, and Anti-establishment Attitudes. *Analyses of Social Issues and Public Policy* 20/1: 315–335.

Kahrs, H. 2017. Neuer Nationalismus: Verteidigungsstrategie in globalen Verteilungskämpfen. *Sozialismus* 43/4: 17–24.

Kiess, J., O. Decker, E. Brähler. 2015. Die Wählerinnen und Wähler von AfD und NPD - Gemeinsamkeiten und Unterschiede. In: *Rechtsextremismus der Mitte und sekundärer Autoritarismus*. Herausgegeben von O. Decker, J. Kiess, E. Brähler, J. Baldauf. Gießen: Psychosozial. 83–104.

Kohlrausch, B. 2018. *Abstiegsängste in Deutschland: Ausmaß und Ursachen in Zeiten des erstarkenden Rechtspopulismus*. Düsseldorf: Working Paper, Hans Böckler Stiftung.

Krämer, B. 2017. Populist online practices: the function of the Internet in right-wing populism. *Information, Communication & Society* 20/9: 1293–1309.

Kraemer, K. 2018: Sehnsucht nach dem nationalen Container. Zur symbolischen Ökonomie des neuen Nationalismus in Europa. *Leviathan* 46/2, 280–302.

Krange, O., B. P. Kaltenborn, M. Hultman. 2019. Cool dudes in Norway: climate change denial among conservative Norwegian men. *Environmental Sociology* 5/1: 1–11.

Krăstev, I. 2018. *Europadämmerung: Ein Essay*. 4. Auflage. Edition Suhrkamp 2712. Berlin: Suhrkamp.

Krause, D., B. Küpper, A. Zick. 2015. Zwischen Wut und Druck: Rechtspopulistische Einstellungen in der Mitte. In: *Wut, Verachtung, Abwertung: Rechtspopulismus in Deutschland*.

Herausgegeben von R. Melzer, D. Molthagen. Bonn: J. H. W. Dietz Nachf. 44–60.

Kreis, J. 2007. *Zur Messung von rechtsextremer Einstellung: Probleme und Kontroversen am Beispiel zweier Studien*. Berlin: Arbeitshefte aus dem Otto-Stammer-Zentrum, FU Berlin.

Krüger, U. 2018. Der neue Strukturwandel der Öffentlichkeit und die German Angst. In: *Die neue Öffentlichkeit: Wie Bots, Bürger und Big Data den Journalismus verändern*. Herausgegeben von G. Hooffacker, W. Kenntemich, U. Kulisch. Wiesbaden: Springer VS. 9–26.

Kulin, J., I. Johansson Sevä, R. E. Dunlap. 2021. Nationalist ideology, rightwing populism, and public views about climate change in Europe. *Environmental Politics*: 1–24.

Lehmann, P., T. Matthieß, S. Regel. 2019. Rechts der anderen: Themen und Positionierungen der AfD im Parteienwettbewerb. In: *Smarte Spalter: Die AfD zwischen Bewegung und Parlament*. Herausgegeben von W. Schroeder, B. Weßels. Bonn: J. H. W. Dietz Nachf. 122–143.

Lengfeld, H. 2017. Die „Alternative für Deutschland“: eine Partei für Modernisierungsverlierer? *Kölner Zeitschrift für Soziologie und Sozialpsychologie* 69/2: 209–232.

Lewandowsky, M., H. Giebler, A. Wagner. 2016. Rechtspopulismus in Deutschland. Eine empirische Einordnung der Parteien zur Bundestagswahl 2013 unter besonderer Berücksichtigung der AfD. *Politische Vierteljahresschrift* 57/2: 247–275.

Lindner, K. 2007. Soziale Bewegungen und autoritärer Populismus: Proteste und Präsidentschaftswahlen in Frankreich. *PROKLA. Zeitschrift für kritische Sozialwissenschaft* 37/148: 459–479.

Lockwood, M. 2018. Right-wing populism and the climate change agenda: exploring the linkages. *Environmental Politics* 27/4: 712–732.

Loew, N., T. Faas. 2019. Between Thin- and Host-ideologies: How Populist Attitudes Interact with Policy Preferences in Shaping Voting Behaviour. *Representation* 55/4: 493–511.

Lux, T. 2018. Die AfD und die unteren Statuslagen: Eine Forschungsnotiz zu Holger Lengfelds Studie *Die „Alternative für Deutschland“: eine Partei für Modernisierungsverlierer? Köl-*

ner Zeitschrift für Soziologie und Sozialpsychologie 70/2: 255–273.

Malm, A., Zetkin Collective. 2021. *White Skin, Black Fuel. On the Danger of Fossil Fascism.* London, New York: Verso.

Manow, P. 2018. *Die politische Ökonomie des Populismus*. Edition Suhrkamp 2728. Berlin: Suhrkamp.

Marchart, O. 2017: Liberaler Antipopulismus. Ein Ausdruck von Postpolitik. *Aus Politik und Zeitgeschichte* 67/44-45: 11–16.

Mau, S. 2019. *Lütten Klein: Leben in der ostdeutschen Transformationsgesellschaft.* Berlin: Suhrkamp.

McCright, A. M., R. E. Dunlap. 2011. Cool dudes: The denial of climate change among conservative white males in the United States. *Global Environmental Change* 21/4: 1163–1172.

McCright, A. M., R. E. Dunlap, S. T. Marquart-Pyatt. 2016. Political ideology and views about climate change in the European Union. *Environmental Politics* 25/2: 338–358.

Melcher, R. 2019. Wer sind die AfD-Wähler*innen? Metamorphosen einer Partei als Basis ihres Erfolges. In: *Smarte Spalter: Die AfD zwischen Bewegung und Parlament.* Herausgegeben von W. Schroeder, B. Weßels. Bonn: J. H. W. Dietz Nachf. 44–66.

Merkel, W. 2017. Die populistische Revolte. *Kulturpolitische Mitteilungen* 157/2: 53–56.

Merkel, W., M. Zürn. 2019. Kosmopolitismus, Kommunitarismus und die Demokratie. In: *Internationale Gerechtigkeit und institutionelle Verantwortung.* Herausgegeben von J. Nida-Rümelin, D. Daniels, N. Wloka. Berlin, Boston: De Gruyter. 67–102.

Minkenberg, M. 2018. Was ist Rechtspopulismus? *Politische Vierteljahresschrift* 59/2: 337–352.

Mudde, C. 2004. The Populist Zeitgeist. *Government and Opposition* 39/4: 541–563.

Mudde, C. (Hrsg.). 2007. *Populist Radical Right Parties in Europe.* Cambridge: Cambridge University Press.

Mudde, C. 2016. *The Study of Populist Radical Right Parties.* Oslo: C-REX Working Paper, University of Oslo.

Mudde, C. (Hrsg.). 2017. *The populist radical right: A reader.* Routledge studies in extremism and democracy. London, New York: Routledge.

Mudde, C. 2019. Populism: An Ideational Approach. In: *The Oxford Handbook of Populism.* Herausgegeben von C. Rovira Kaltwasser, P. A. Taggart, P. Ochoa Espejo, P. Ostiguy. Oxford, UK: Oxford University Press. 27–47.

Mudde, C., C. Rovira Kaltwasser. 2019. *Populismus: Eine sehr kurze Einführung.* Bonn: Bundeszentrale für politische Bildung.

Müller, J.-W. 2016. Was ist Populismus? *Zeitschrift für Politische Theorie* 7/2: 187–201.

Müller, J.-W. 2017. *Was ist Populismus?* 5. Auflage. Berlin: Suhrkamp.

Neckel, S. 2020. Der Streit um die Lebensführung. Nachhaltigkeit als sozialer Konflikt. *Mittelweg 36. Zeitschrift des Hamburger Instituts für Sozialforschung* 29/6: 82–100.

Negt, O. 2011. Der politische Mensch - Demokratie als Lebensform. *FoRuM Supervision - Zeitschrift für Beratungswissenschaft und Supervision* 19/38: 32–42.

Newig, J., K. Kuhn, H. Heinrichs. 2011. Nachhaltige Entwicklung durch gesellschaftliche Partizipation und Kooperation? – eine kritische Revision zentraler Theorien und Konzepte Nachhaltige Entwicklung durch gesellschaftliche Partizipation. In: *Nachhaltige Gesellschaft.* Herausgegeben von H. Heinrichs, K. Kuhn, J. Newig. Wiesbaden: VS Verlag für Sozialwissenschaften. 27–45.

Niedermayer, O. 2020. Konkurrenz am rechten Rand: Die Etablierung der AfD im Parteiensystem. In: *Die Parteien nach der Bundestagswahl 2017.* Herausgegeben von U. Jun, O. Niedermayer. Wiesbaden: Springer.

Niedermayer, O., J. Hofrichter. 2016. Die Wählerschaft der AfD: Wer ist sie, woher kommt sie und wie weit rechts steht sie? *Zeitschrift für Parlamentsfragen* 47/2: 267–285.

Ostiguy, P. 2019. Populism: A Socio-Cultural Approach. In: *The Oxford Handbook of Populism.* Herausgegeben von C. Rovira

Kaltwasser, P. A. Taggart, P. Ochoa Espejo, P. Ostiguy., UK: Oxford University Press. 73–100.

Panno, A., G. Carrus, L. Leone. 2019. Attitudes towards Trump Policies and Climate Change: The Key Roles of Aversion to Wealth Redistribution and Political Interest. *Journal of Social Issues* 75/1: 153–168.

Pellegrini, V., L. Leone, M. Giacomantonio. 2019. Dataset about populist attitudes, social world views, socio-political dispositions, conspiracy beliefs, and anti-immigration attitudes in an Italian sample. *Data in Brief* 25.

Pettifor, A. 2019. *The Case for the Green New Deal.* London, New York: Verso.

Pickel, G., A. Yendell. 2018. Religion als konfliktärer Faktor im Zusammenhang mit Rechtsextremismus, Muslimfeindschaft und AfD-Wahl. In: *Flucht ins Autoritäre: Rechtsextreme Dynamiken in der Mitte der Gesellschaft: Die Leipziger Autoritarismus-Studie 2018.* Herausgegeben von O. Decker, E. Brähler. Originalausgabe. Forschung Psychosozial. Gießen: Psychosozial. 217–242.

Poier, K., S. Saywald-Wedl, H. Unger. 2017. *Die Themen der „Populisten“: Mit einer Medienanalyse von Wahlkämpfen in Österreich, Deutschland, der Schweiz, Dänemark und Polen.* International Studies on Populism 5. Baden-Baden: Nomos.

Poortinga, W., A. Spence, L. Whitmarsh, S. Capstick, N. F. Pidgeon. 2011. Uncertain climate: An investigation into public scepticism about anthropogenic climate change. *Global Environmental Change* 21/3: 1015–1024.

Priester, K. 2012. *Rechter und linker Populismus: Annäherung an ein Chamäleon.* Sozialwissenschaften 2012. Frankfurt, New York: Campus.

Quent, M. 2019. *Deutschland rechts außen: Wie die Rechten nach der Macht greifen und wie wir sie stoppen können.* München: Piper.

Quent, M. 2020. *Rechtsextremismus. 33 Fragen - 33 Antworten.* Originalausgabe. München: Piper.

Radtke, J., W. Canzler, M. A. Schreurs, S. Wurster (Hrsg.). 2019a. *Energiewende in Zeiten des Populismus.* Wiesbaden: Springer.

Radtke, J., W. Canzler, M. A. Schreurs, S. Wurster. 2019b. Energiewende in Zeiten populistischer Bewegungen – Einleitende Bemerkungen. In: *Energiewende in Zeiten des Populismus*. Herausgegeben von J. Radtke, W. Canzler, M. A. Schreurs, S. Wurster. Wiesbaden: Springer. 3–30.

Radtke, J., M. A. Schreurs. 2019. Klimaskeptizismus und populistische Bewegungen in Europa und den USA. In: *Energiewende in Zeiten des Populismus.* Herausgegeben von J. Radtke, W. Canzler, M. A. Schreurs, S. Wurster. Wiesbaden: Springer. 145–180.

Rahmstorf, S. 2018. Nir Shaviv erklärt den Klimawandel für die AfD im Bundestag. https://scilogs.spektrum.de/klimalounge/nir-shaviv-erklaert-den-klimawandel-fuer-die-afd-im-bundestag/ (abgerufen 16.09.2021).

Reckwitz, A. 2018. *Die Gesellschaft der Singularitäten: Zum Strukturwandel der Moderne.* Bonn: Bundeszentrale für politische Bildung.

Reiser, M., H. Best, A. Salheiser, L. Vogel. 2018. *Politische Kultur im Freistaat Thüringen: Ergebnisse des Thüringen-Monitors 2018.* Erfurt: Friedrich-Schiller-Universität Jena. KomRex – Zentrum für Rechtsextremismusforschung, Demokratiebildung und gesellschaftliche Integration.

Renn, O. 2019. *Gefühlte Wahrheiten: Orientierung in Zeiten postfaktischer Verunsicherung.* 2. vollständig überarbeitete und aktualisierte Ausgabe. Leverkusen: Barbara Budrich.

Reusswig, F., B. Küpper, W. Lass, S. Bock, J. Schatzschneider. 2021. *Populismus und Energiewende.* DemoKon – Research Paper I, Potsdam-Institut für Klimafolgenforschung. https://demokon.de/files/downloads/demokon_rp1.pdf (abgerufen 24.11.2021).

Reusswig, F., W. Lass, S. Bock. 2020. Abschied vom NIMBY. *Forschungsjournal Soziale Bewegungen* 33/1: 140–160.

Rippl, S., C. Seipel. 2018. Modernisierungsverlierer, Cultural Backlash, Postdemokratie. *Kölner Zeitschrift für Soziologie und Sozialpsychologie* 70/2: 237–254.

Röpke, A., A. Speit. 2019. *Völkische Landnahme: Alte Sippen, junge Siedler, rechte Ökos.* Bonn: Bundeszentrale für politische Bildung.

Rovira Kaltwasser, C., P. Taggart, P. O. Espejo, P. Ostiguy. 2019. Populism: An Overview of the Concept and the State of the Art. In: *The Oxford Handbook of Populism.* Herausgegeben von C. Rovira Kaltwasser, P. A. Taggart, P. Ochoa Espejo, P. Ostiguy. Oxford, UK: Oxford University Press. 1–26.

Rubik, F., R. Müller, R. Harnisch, B. Holzhauer, M. Schipperges, S. Geiger. 2019. *Umweltbewusstsein in Deutschland 2018: Ergebnisse einer repräsentativen Bevölkerungsumfrage*. Berlin: Bundesministerium für Umwelt, Naturschutz und nukleare Sicherheit, Umweltbundesamt.

Rucht, D. 2017. Rechtspopulismus als soziale Bewegung. *Forschungsjournal Soziale Bewegungen* 30/2: 34–50.

Sablowski, T., G. Thien. 2018. Die AfD, die ArbeiterInnenklasse und die Linke – kein Problem? *PROKLA. Zeitschrift für kritische Sozialwissenschaft* 48/190: 55–72.

Sainsbury, D. 1980. *Swedish Social Democratic Ideology and Electoral Politics 1944– 1948: A Study of the Functions of Party Ideology.* Stockholm: Almqvist & Wiksell.

Schad, M. 2017. *Über Luxus und Verzicht. Umweltaffinität und umweltrelevante Alltagspraxis in prekären Lebenslagen.* München: oekom.

Schaller, S., A. Carius. 2019. *Convenient Truths - Mapping climate agendas of right-wing populist parties in Europe.* Berlin: adelphi.

Schleyer-Lindenmann, A., H. Ittner, B. Dauvier, M. Piolat. 2018. Die NEP-Skala – hinter den (deutschen) Kulissen des Umweltbewusstseins. *Diagnostica* 64/3: 156–167.

Schmitt-Beck, R., J. W. van Deth, A. Staudt. 2019. Die AfD nach der rechtspopulistischen Wende. Wählerunterstützung am Beispiel Baden-Württembergs. In: *Demokratie-Monitoring Baden-Württemberg 2016/2017: Studien zu Demokratie und Partizipation.* Herausgegeben von Baden-Württemberg Stiftung. Wiesbaden: Springer VS. 15–51.

Schroeder, W., B. Weßels, C. Neusser, A. Berzel. 2017. *Parlamentarische Praxis der AfD in deutschen Landesparlamenten.* Discussion Paper SP V 2017-102, Wissenschaftszentrum Berlin für Sozialforschung.

Selk, V., J. Kemmerzell, J. Radtke. 2019. In der Demokratiefalle? Probleme der Energiewende zwischen Expertokratie, partizipativer Governance und populistischer Reaktion. In: *Energiewende in Zeiten des Populismus.* Herausgegeben von J. Radtke, W. Canzler, M. A. Schreurs, S. Wurster. Wiesbaden: Springer. 31–66.

Schulz, A., P. Müller, C. Schemer, D. S. Wirz, M. Wettstein, W. Wirth. 2018. Measuring Populist Attitudes on Three Dimensions. *International Journal of Public Opinion Research* 30/2: 316–326.

Setton, D. 2019. *Soziales Nachhaltigkeitsbarometer der Energiewende 2018: Kernaussagen und Zusammenfassung der wesentlichen Ergebnisse.* Institut für transformative Nachhaltigkeitsforschung (IASS) Potsdam.

Sommer, B., M. Schad. 2014. Change Agents für den städtischen Klimaschutz. Empirische Befunde und praxistheoretische Einsichten. In: *GAIA – Ecological Perspectives for Science and Society* 23/1: 48–54.

Sommer, B., M. Schad, C. Möstl, F. Humpert, P. Kadelke, Philipp 2021. Rechtspopulismus als Desiderat der sozial-ökologischen Transformationsforschung. *GAIA – Ecological Perspectives for Science and Society* 30/1: 62–64.

Spier, T. 2010. *Modernisierungsverlierer? Die Wählerschaft rechtspopulistischer Parteien in Westeuropa.* Wiesbaden: VS Verlag für Sozialwissenschaften.

Stanley, S. K., M. S. Wilson, C. G. Sibley, T. L. Milfont. 2017. Dimensions of social dominance and their associations with environmentalism. *Personality and Individual Differences* 107: 228–236.

Stöss, R. 2010. Rechtsextremismus im Wandel. 3., aktualisierte Auflage. Berlin: Friedrich-Ebert-Stiftung Forum Berlin.

Teune, S., M. Rump, B. Küpper, J. Schatzschneider, F. Reusswig, W. Lass. 2021. *Energiewende? -ja! Aber…: Kritik und Konflik-*

te um die Energiewende im Spiegel einer Bevölkerungsbefragung. DemoKon – Research Paper II, Potsdam-Institut für Klimafolgenforschung. https://publications.pik-potsdam.de/rest/items/item_26000_3/component/file_26004/content (abgerufen 24.11.2021).

Tosun, J., M. Debus. 2021. Right-wing populist parties and environmental politics: insights from the Austrian Freedom Party's support for the glyphosate ban. *Environmental Politics* 30/1-2: 224–244.

Tranter, B. 2013. The Great Divide: Political Candidate and Voter Polarisation over Global Warming in Australia. *Australian Journal of Politics & History* 59/3: 397–413.

Urban, D., J. Mayerl. 2018. *Angewandte Regressionsanalyse: Theorie, Technik und Praxis.* 5., überarbeitete Auflage. Wiesbaden: Springer VS.

van Dyk, S., S. Graefe. 2018. Identitätspolitik oder Klassenkampf? Über eine falsche Alternative in Zeiten des Rechtspopulismus. In: *Arbeiterbewegung von rechts? Ungleichheit - Verteilungskämpfe - populistische Revolte.* Herausgegeben von K. Becker, K. Dörre, P. Reif-Spirek. Frankfurt, New York: Campus. 337–353.

van Prooijen, J.-W. 2019. Populism as political mentality underlying conspiracy theories. In: *Belief systems and the perception of reality.* Herausgegeben von B. T. Rutjens, M. J. Brandt. Current issues in social psychology. London, New York: Routledge. 81–96.

van Rensburg, W. 2015. Climate Change Scepticism: A Conceptual Re-Evaluation. *SAGE Open* 5/2: 1-13.

Vehrkamp, R. 2021: *Rechtsextreme Einstellungen der Wähler:innen vor der Bundestagswahl 2021.* Gütersloh: Bertelsmann Stiftung. https://www.bertelsmann-stiftung.de/de/publikationen/publikation/did/rechtsextreme-einstellungen-der-waehlerinnen-vor-der-bundestagswahl-2021 (20.12.2021).

Vehrkamp, R., W. Merkel. 2020. *Populismusbarometer 2020: Populistische Einstellungen bei Wählern und Nichtwählern in Deutschland 2020.* Gütersloh: Bertelsmann Stiftung, WZB.

Vehrkamp, R., K. Wegschaider. 2017. *Populäre Wahlen: Mobilisierung und Gegenmobilisierung der sozialen Milieus bei der Bundestagswahl 2017.* Gütersloh: Bertelsmann Stiftung.

Vester, M. 2017. Der Kampf um soziale Gerechtigkeit: Der Rechtspopulismus und die Potentiale politischer Mobilisierung: Zweiter Teil des Essays: „Der gesellschaftliche Strukturwandel und der Kampf um soziale Gerechtigkeit in der Bundesrepublik Deutschland". https://www.spw.de/data/michael_vester.pdf (abgerufen 01.10.2021).

Virchow, F. 2016. Protest und soziale Bewegungen von rechts. In: *Neue soziale Bewegung von rechts? Zukunftsängste, Abstieg der Mitte, Ressentiments.* Herausgegeben von A. Häusler, F. Virchow. Eine Flugschrift. Hamburg: VSA. 10–18.

Walther, S. D. Isemann. 2019. Einleitung: Psychologische Erklärungen für den Erfolg der AfD. In: *Die AfD – psychologisch betrachtet.* Herausgegeben von E. Walther, S. D. Isemann. Wiesbaden: Springer. 2–26.

Wissenschaftlicher Beirat Globale Umweltveränderungen – (WBGU). 2011. *Welt im Wandel. Gesellschaftsvertrag für eine Große Transformation.* Berlin: WBGU.

Weisskircher, M. 2020. Neue Wahrheiten von rechts außen? Alternative Nachrichten und der „Rechtspopulismus" in Deutschland. Preprint Version April 2020, erscheint im *Forschungsjournal Soziale Bewegungen.*

Welzer, H. 2019. Zukunftsbilder von gestern, heute und morgen. In: *Transformationsgesellschaften: Zum Wandel gesellschaftlicher Naturverhältnisse.* Herausgegeben von M. Christ, B. Sommer, K. Stumpf. Ökonomie und Gesellschaft 30. Weimar (Lahn): Metropolis. 131–141.

Wettstein, M., A. Schulz, M. Steenbergen, C. Schemer, P. Müller, D. S. Wirz, W. Wirth. 2020. Measuring Populism across Nations: Testing for Measurement Invariance of an Inventory of Populist Attitudes. *International Journal of Public Opinion Research* 32/2: 284–305.

Weyland, K. 2019. Populism: A Political-Strategic Approach. In: *The Oxford Handbook of Populism.* Herausgegeben von C.

Rovira Kaltwasser, P. A. Taggart, P. Ochoa Espejo, P. Ostiguy. Oxford, UK: Oxford University Press. 48–72.

Whitmarsh, L., A. Corner. 2017. Tools for a new climate conversation: A mixed-methods study of language for public engagement across the political spectrum. *Global Environmental Change* 42: 122–135.

Wright, E. O. 2010. *Envisioning Real Utopias.* London/New York: Verso.

Wuttke, A., C. Schimpf, H. Schoen. 2020. When the Whole Is Greater than the Sum of Its Parts: On the Conceptualization and Measurement of Populist Attitudes and Other Multidimensional Constructs. *American Political Science Review* 114/2: 356–374.

Zick, A., B. Küpper, D. Krause (Hrsg.). 2016. *Gespaltene Mitte – Feindselige Zustände: Rechtsextreme Einstellungen in Deutschland 2016*. Bonn: J. H. W. Dietz Nachf.

Zick, A., B. Küpper, W. Berghan (Hrsg.). 2019. *Verlorene Mitte – Feindselige Zustände: Rechtsextreme Einstellungen in Deutschland 2018/19*. Bonn: J. H. W. Dietz Nachf.

Żuk, P., K. Szulecki. 2020. Unpacking the right-populist threat to climate action: Poland's pro-governmental media on energy transition and climate change. *Energy Research & Social Science* 66: 101485.

Zürn, M. 2018. *Autoritärer Populismus vs. offene Gesellschaft – eine neue Konfliktlinie? Eine ökonomische, kulturelle und politische Analyse.* böll.brief - Demokratie & Gesellschaft #7, Heinrich-Böll-Stiftung Berlin. https://www.boell.de/sites/default/files/boll.brief_7_autoritarer_populismus_vs._offene_gesellschaft.pdf (abgerufen 16.9.2021).

Kurzbiographien Autor*innen

Bernd Sommer leitet den Forschungsbereich »Klima, Kultur und Nachhaltigkeit« am Norbert Elias Center der Europa-Universität Flensburg. Zuvor war er Mitarbeiter am Forschungsbereich KlimaKultur am Kulturwissenschaftlichen Institut in Essen (KWI) und Referent beim Wissenschaftlichen Beirat Globale Umweltveränderungen (WBGU). Er hat in Hannover und London Sozialwissenschaften studiert und im Fach Soziologie promoviert.

Miriam Schad hat an der Philipps-Universität in Marburg Soziologie und Volkswirtschaftslehre studiert. Anschließend war sie Mitarbeiterin am Forschungsbereich KlimaKultur am Kulturwissenschaftlichen Institut in Essen (KWI) und promovierte in Soziologie. Aktuell arbeitet sie als wissenschaftliche Mitarbeiterin an der Fakultät Sozialwissenschaften der TU Dortmund.

Philipp Kadelke ist wissenschaftlicher Mitarbeiter am Lehrstuhl für Soziologie (Schwerpunkt soziale Ungleichheiten) an der TU Dortmund und befasst sich mit wohnsoziologischen Fragestellungen.

Franziska Humpert hat Politik- und Verwaltungswissenschaften (BA) in Konstanz und Transformationsstudien (MA) in Flensburg studiert. Anschließend war sie wissenschaftliche Mitarbeiterin am Nobert Elias Center der Europa-Universität Flensburg. Im Rahmen dieser Tätigkeit hat sie sich in der Pilotstudie »Politiken der Nicht-Nachhaltigkeit« mit Klima- und Umweltthemen im Rechtspopulismus befasst. Ihre Forschungsinteressen bewegen sich im Feld der sozialökologischen Transformationsforschung.

Christian Möstl hat an der Universität Leipzig Sozialwissenschaften und Philosophie sowie Transformationsstudien an der Europa-Universität Flensburg (EUF) studiert. Anschließend arbeitete er am Norbert Elias Center for Transformation Design & Research (NEC) als wissenschaftlicher Mitarbeiter im Forschungsprojekt »Politiken der Nicht-Nachhaltigkeit«.